DESAFIOS PARA A TÉCNICA PSICANALÍTICA

COLEÇÃO "CLÍNICA PSICANALÍTICA"
TÍTULOS PUBLICADOS

1. Perversão — Flávio Carvalho Ferraz
2. Psicossomática — Rubens Marcelo Volich
3. Emergências Psiquiátricas — Alexandra Sterian
4. Borderline — Mauro Hegenberg
5. Depressão — Daniel Delouya
6. Paranoia — Renata Udler Cromberg
7. Psicopatia — Sidney Kiyoshi Shine
8. Problemáticas da Identidade Sexual — José Carlos Garcia
9. Anomia — Marilucia Melo Meireles
10. Distúrbios do Sono — Nayra Cesaro Penha Ganhito
11. Neurose Traumática — Myriam Uchitel
12. Autismo — Ana Elizabeth Cavalcanti / Paulina Schmidtbauer Rocha
13. Esquizofrenia — Alexandra Sterian
14. Morte — Maria Elisa Pessoa Labaki
15. Cena Incestuosa — Renata Udler Cromberg
16. Fobia — Aline Camargo Gurfinkel
17. Estresse — Maria Auxiliadora de A. C. Arantes / Maria José Femenias Vieira
18. Normopatia — Flávio Carvalho Ferraz
19. Hipocondria — Rubens Marcelo Volich
20. Epistemopatia — Daniel Delouya
21. Tatuagem e Marcas Corporais — Ana Costa
22. Corpo — Maria Helena Fernandes
23. Adoção — Gina Khafif Levinzon
24. Transtornos da Excreção — Marcia Porto Ferreira
25. Psicoterapia Breve — Mauro Hegenberg
26. Infertilidade e Reprodução Assistida — Marina Ribeiro
27. Histeria — Silvia Leonor Alonso / Mario Pablo Kuks
28. Ressentimento — Maria Rita Kehl
29. Demências — Delia Catullo Goldfarb
30. Violência — Maria Laurinda Ribeiro de Souza
31. Clínica da Exclusão — Maria Cristina Poli
32. Disfunções Sexuais — Cassandra Pereira França
33. Tempo e Ato na Perversão — Flávio Carvalho Ferraz
34. Transtornos Alimentares — Maria Helena Fernandes

35. Psicoterapia de Casal	Purificacion Barcia Gomes e Ieda Porchat
36. Consultas Terapêuticas	Maria Ivone Accioly Lins
37. Neurose Obssesiva	Rubia Delorenzo
38. Adolescência	Tiago Corbisier Matheus
39. Complexo de Édipo	Nora B. Susmanscky de Miguelez
40. Trama do Olhar	Edilene Freire de Queiroz
41. Desafios para a Técnica Psicanalítica	José Carlos Garcia
42. Linguagens e Pensamento	Nelson da Silva Junior
43. Término de Análise	Yeda Alcide Saigh
44. Problemas de Linguagem	Maria Laura Wey Märtz
45. Desamparo	Lucianne Sant'Anna de Menezes
46. Transexualismo	Paulo Roberto Ceccarelli
47. Narcisismo e Vínculos	Lucía Barbero Fuks
48. Psicanálise da Família	Belinda Mandelbaum
49. Clínica do Trabalho	Soraya Rodrigues Martins
50. Transtornos de Pânico	Luciana Oliveira dos Santos
51. Escritos Metapsicológicos e Clínicos	Ana Maria Sigal
52. Famílias Monoparentais	Lisette Weissmann
53. Neurose e Não Neurose	Marion Minerbo
54. Amor e Fidelidade	Gisela Haddad

Coleção Clínica Psicanalítica
Dirigida por Flávio Carvalho Ferraz

DESAFIOS PARA A TÉCNICA PSICANALÍTICA

José Carlos Garcia

Casa do Psicólogo®

© 2007 Casapsi Livraria, Editora e Gráfica Ltda.
É proibida a reprodução total ou parcial desta publicação, para qualquer finalidade,
sem autorização por escrito dos editores.

1ª edição
2007

2ª edição
2010

Editores
Ingo Bernd Güntert e Jerome Vonk

Assistente Editorial
Aparecida Ferraz da Silva

Editoração Eletrônica e Produção Gráfica
Fabio Alves Melo

Revisão
Vinicius Marques Pastorelli

Revisão Final
Lucas Torrisi Gomediano

Projeto Gráfico da Capa
Yvoty Macambira

Dados Internacionais de Catalogação na Publicação (CIP)
(Câmara Brasileira do Livro, SP, Brasil)

Garcia, José Carlos
Desafios para a técnica psicanalítica/José Carlos Garcia – São Paulo: Casa
do Psicólogo®, 2007. — (Coleção clínica psicanalítica / dirigida por
Flávio Carvalho Ferraz)

Bibliografia.
ISBN 978-85-7396-582-7

1. Psicologia Clínica I. Ferraz, Flávio Carvalho. II. Título.
III. Série.

07-8636   CDD-150.195

Índices para catálogo sistemático:
1. Técnica psicanalítica: Psicologia 150-195

Impresso no Brasil
Printed in Brazil

Reservados todos os direitos de publicação em língua portuguesa à

Casapsi Livraria, Editora e Gráfica Ltda.
Rua Santo Antônio, 1010
Jardim México • CEP 13253-400
Itatiba/SP - Brasil
Tel. Fax:(11) 4524-6997
www.casadopsicologo.com.br

*Dedico este livro aos meus queridos
Fernando, Larissa e Domitila.*

SUMÁRIO

AGRADECIMENTOS 11

INTRODUÇÃO 13

1 - SOBRE O ALCANCE DA INTERVENÇÃO ANALÍTICA 19
    O SÍMBOLO NA OBRA DE FREUD 19
    O SÍMBOLO E A PULSÃO DE MORTE 25
    O ATUAL DA PULSÃO E A FUNÇÃO TRANSFERENCIAL DO ANALISTA 30

2 - INQUIETAÇÕES DE UMA CLÍNICA EM MUDANÇA 43
    ALGUMAS CONTRIBUIÇÕES DE FERENCZI 44
    A BUSCA DA REALIZAÇÃO SIMBÓLICA 54
    WINNICOTT E O ESPAÇO POTENCIAL ANALÍTICO 56
    CONSIDERAÇÕES FINAIS 61

3 - SOBRE A EXPERIÊNCIA TRANSFERENCIAL 63

4 - OFICINA DE CURA: O CASO JACQUES 81
    INTRODUÇÃO 81
    A PROCURA DE ANÁLISE 83
    A FAMÍLIA 86
    FASE INICIAL DO TRATAMENTO 87
    SEGUNDA FASE DO TRATAMENTO 94
    TERCEIRA FASE DO TRATAMENTO 101
    QUARTA FASE DO TRATAMENTO 112
    ÚLTIMA FASE DO TRATAMENTO 120
    CONSIDERAÇÕES FINAIS 126

5 - EXPERIÊNCIA ANALÍTICA COM PRÉ-ADOLESCENTES: MÉTODO
DINÂMICO INTERATIVO 133
EXPOSIÇÃO DO MÉTODO 135
ALGUNS COMENTÁRIOS 138

REFERÊNCIAS BIBLIOGRÁFICAS 143

Agradecimentos

A Flávio Carvalho Ferraz, por sua calorosa acolhida e sua solidária participação em mais esse projeto autoral. Agradeço-lhe, em especial, pela leitura atenta e por sua cuidadosa revisão, que tanto facilitou meu trabalho.

A Daniela Rothschild, Emir Tomazelli, Marly Goulart, Rauflin Calazans e Tina Carvalho, queridos companheiros e cúmplices na construção de minha *oficina de cura.*

A Claudia, por sempre me fazer crer que há algo mais a ser dito e pela força de sua dedicação amorosa aos projetos que partilhamos.

Aos meus pais, Cida e Carlos (*in memoriam*), pela herança amorosa que me legaram.

Aos meus pacientes, que me permitem, sempre, aprender um pouco mais a cada encontro que temos. E pelas ocasiões nas quais experimento a grata sensação de conquistarmos algo juntos.

Introdução

O tema que organiza este livro é a questão da técnica, ou seja, o conjunto de elementos que, originados da reflexão teórica e associados ao exercício da clínica, acabam por definir uma determinada forma de procedimento para o trabalho do analista.

Insisto que a compreensão teórica que o analista absorve em sua formação básica irá influir em sua maneira peculiar de assimilar e sustentar os elementos da técnica. Disso decorre que, em situações de rigidez na formação teórica, o analista tenda a ficar limitado nas suas possibilidades frente à clínica.

Considero bastante relevante que se destaque aqui que, quando me refiro à técnica, estou bastante distante de uma ideia estática que pudesse sugerir um conjunto de regras mecanicamente assimilado pelo aprendiz de analista. Para mim, a ideia de técnica só faz sentido quando assume o caráter de uma reflexão crítica e constante sobre as descobertas que o analista experimenta em seu trabalho clínico, em sua supervisão e em sua própria análise.

Reuni neste livro alguns trabalhos que, ao longo dos últimos anos, possibilitaram ou constituíram momentos para o aprofundamento reflexivo em minha prática clínica. Os dois primeiros trabalhos, "Sobre o alcance da intervenção analítica" e "Inquietações de uma clínica em mudança", fizeram parte de minha dissertação de mestrado e revelam um momento de minha formação, no qual estive profundamente envolvido com os aspectos da técnica que, em minha opinião, podiam limitar o potencial de simbolização do ato analítico.

No capítulo "Sobre o alcance da intervenção analítica" faço um apanhado da concepção de símbolo na obra de Freud, com o intuito de observar até que ponto as diferentes maneiras de se entender o símbolo podem influir no trabalho analítico. Além disso, exponho o ponto de vista de que há um desequilíbrio ou talvez, melhor dizendo, uma defasagem entre o alcance teórico do trabalho freudiano e a técnica elaborada por Freud ao longo dos anos.

Proponho, ainda, que a concepção da transferência se enriquece quando a entendemos como indo além do mero registro da repetição do reprimido. Desenvolvo a ideia de que o analista ocupa o lugar de *objeto atual da pulsão* e que isso lhe permite ampliar o potencial de simbolização do ato analítico.

No capítulo "Inquietações de uma clínica em mudança", seguindo a linha do trabalho anterior, desenvolvi alguns argumentos interessantes a partir do trabalho de Ferenczi que, sem dúvida, foi um dos psicanalistas mais criativos que seguiram Freud, nos primórdios da psicanálise. Discuti, através deste diálogo, questões como: técnica ativa, neutralidade, a clínica do não representado etc. Busquei manter, neste diálogo, uma visão crítica no sentido de aproveitar os elementos que podiam ser corroborados por minha própria experiência clínica.

Utilizei também o trabalho de Winnicott sobre o espaço potencial, através do qual pude ampliar as discussões sobre o alcance da clínica psicanalítica, quando leva em consideração aquilo que está além do reprimido e que, portanto, precisa ser vivenciado de forma inaugural no encontro do analista com seu paciente. Estaríamos aqui próximos ao que Freud (1937) chamou de construções em análise. Trata-se, nestes casos, de algo diferente da interpretação de conteúdos que precisam ser acessados por meio de uma interpretação simbólica, a qual possa trazê-los à consciência. O analista se prestará ao encontro analítico como objeto da pulsão, o qual terá, por isso mesmo, a possibilidade de permitir a construção de experiências emocionais que, até então, não haviam sido vivenciadas pelo paciente.

No capítulo "Sobre a experiência transferencial", retomo, mais uma vez, a questão da transferência. Procuro mostrar aqui, através de duas vinhetas clínicas, que a transferência vista como, a princípio, a definiu Freud, pode limitar o campo da análise e restringir a ação do analista. Em linhas gerais, a alternativa a este modelo clássico de análise seria dada pela possibilidade do analista localizar-se no campo analítico como um objeto capaz de promover a assunção, por parte do paciente, de alguns aspectos de sua personalidade que, por deficiências ambientais, ficaram impedidos de se desenvolverem.

O capítulo "Oficina de cura: o caso Jacques" traz um caso clínico marcado por características muito especiais e que, por isso mesmo, expôs meu trabalho clínico a uma intensa discussão no que tange aos aspectos da técnica. O primeiro aspecto que merece ser destacado diz respeito ao fato de que o paciente era estrangeiro e, portanto, realizou a análise fora de sua língua materna.

Os acontecimentos que se verificaram no decorrer desta análise acabaram gerando outra possibilidade bastante desafiadora aos conceitos técnicos habituais. Devido ao fato de que o paciente precisou fazer uma viagem longa ao seu país de origem, tivemos que dar sequência à análise pelo telefone, e isto trouxe questões técnicas interessantes para o processo.

O último capítulo, "Experiência analítica com pré-adolescentes: método dinâmico interativo", apresenta, pela primeira vez, um método auxiliar do trabalho analítico que desenvolvi no tratamento com pacientes pré-adolescentes. Comecei a utilizá-lo com um paciente que estava em análise comigo há alguns meses e que evitava ou não conseguia tocar em temas que eram absolutamente importantes para sua vida mental. Eu experimentava sempre uma grande sensação de superficialidade no contato, algo que não conseguíamos superar através dos jogos lúdicos tradicionais. Este impasse impulsionou-me a desenvolver o que chamei de *método dinâmico interativo*.

Se os dois primeiros capítulos abordam elementos mais diretamente ligados ao contexto do que poderíamos chamar de teoria da técnica, os três últimos enfrentam, de maneira direta, a atividade do analista diante de seu ofício, com seus infindos questionamentos e necessidades que sempre se atualizam. Esta atividade do analista, onde quer que ele esteja, enquanto pratique sua escuta absolutamente impar, costumo definir como sendo uma *oficina de cura*.

1.

SOBRE O ALCANCE DA INTERVENÇÃO ANALÍTICA[1]

O símbolo na obra de Freud

Pretendo começar esta reflexão destacando algumas questões referentes à maneira como foi abordada a noção de símbolo, na obra de Freud. Acredito que isto possa ser relevante como introdução a uma discussão sobre a técnica psicanalítica. A intenção, portanto, será a de levantar, em breves linhas, as diferentes noções de símbolo que percorreram a obra freudiana e suas consequências para a prática clínica.

Já em seus primeiros escritos, Freud começou a explorar a noção de símbolo para referir-se a algo que, como um marco comemorativo, fazia alusão a uma solução de compromisso, principalmente pelo sortilégio da contiguidade temporal.

---

[1] Este artigo foi extraído de minha dissertação de mestrado intitulada *O ato analítico e seu potencial de simbolização*, apresentada no Instituto de Psicologia da Universidade de São Paulo em 1998.

Ao tratar do caso Lucy R., Freud (1892) comentou, desta forma, as alterações histéricas que sua paciente apresentava com relação ao olfato: *"Essa experiência devia ter sido o trauma que as sensações recorrentes do olfato simbolizavam na memória"* (p. 154). Lucy se queixava de sentir cheiro de pudim queimado e Freud começou por admitir que este cheiro devia ter estado presente no momento da situação traumática, comentando, ainda, que só raramente sensações olfativas são escolhidas como símbolos mnêmicos.

Por certo não é propriamente a rememoração do caso, nem a melhor inserção do exemplo destacado que pretendo privilegiar neste momento, mas o que daí se depreende como noção de símbolo: uma associação arbitrária entre um signo e um objeto. Nas palavras de Lorenzer (1970): *"o símbolo é uma atribuição inteiramente contingente do signo ao designado"* (p. 15).

Ao percorrer a obra freudiana constatamos que, desde o *Projeto para uma psicologia científica*, Freud (1895) trabalhou uma concepção de simbolismo que abrigava irretocável semelhança com o conceito psicanalítico de deslocamento. Nessas condições, um elemento fortuito se associaria a um outro elemento, este último adequado à expressão do afeto penoso da situação traumática para, a partir daí, ressurgir na consciência acompanhado do afeto em questão, porém destituído da significação que só o elemento original poderia traduzir.

De uma perspectiva como esta, o alcance terapêutico da psicanálise seria propiciado pela possibilidade de tradução de sentido que, através do símbolo, fosse possível recuperar.

Levando isto às últimas consequências, tratar-se-ia de reduzir o símbolo ao oco de si mesmo.

Ainda no texto *Projeto para uma psicologia científica*, Freud fez uma distinção entre o simbolismo normal e o neurótico, definida a partir da disponibilidade, para a consciência, da relação simbólica. No caso normal, o sujeito reconheceria conscientemente o valor simbólico tomado ao simbolizado. Ele cita o exemplo da bandeira e da luva de uma dama, pela qual um cavaleiro entra em combate. Para o neurótico, no entanto, o valor simbólico do sintoma subjaz reprimido. Lorenzer (1970) fez o seguinte comentário sobre o símbolo mnêmico:

> O que diferencia então o «símbolo mnêmico» dos conceitos posteriores de símbolo é a total falta de referência ao conteúdo; seu emprego se restringe apenas ao assinalamento temporal. O signo não expressa nada do designado; indica exclusivamente a ocorrência de um acontecimento determinado (alterado no sentido traumático); portanto, o símbolo mnêmico não é interpretável. Não é lícito indagar sobre seu sentido, senão que se deve tomá-lo como mero código e, por certo, como um código cuja chave se desconhece. (p. 15)

A simbolização foi tema frequente dos *Estudos sobre a histeria*. Neles, Freud (1893) falou sobre a conversão simbólica ou simbolização. Exemplarmente, foi nos casos Elizabeth von R. e Cäcilie que conseguiu estabelecer o surgimento desta formação de sintoma envolvendo a simbolização. A primeira, com sua astasia-abasia, estaria revelando além de uma desordem orgânica, provavelmente de origem reumática, usada para servir de apoio, uma conversão da dor psíquica por conta da simultaneidade desses eventos. Freud afirmou que, com toda certeza, outro fator importante na formação dos sintomas de Elizabeth foi o fato de *"procurar uma expressão simbólica dos seus pensamentos dolorosos"* (p. 202).

Quanto ao caso de Cäcilie, o mesmo padrão se repetiria: ela sofria de uma nevralgia facial terrível a qual Freud pensava ser sustentada, pelo menos no início da enfermidade, por problemas dentários provavelmente associados ao começo da gravidez, mas que, posteriormente, receberiam o incremento de situações traumáticas causadoras de dor psíquica, as quais poderiam, a partir desse substrato, ter produzido simbolizações. Cäcilie num determinado momento do tratamento associa sua dor facial a uma lembrança dolorosa e diz: *"Foi como uma bofetada no rosto"* (p. 227).

O que se poderia ainda salientar desta noção de símbolo é o fato de que, nos exemplos citados, a construção do símbolo se deu a partir da experiência individual de cada paciente, sob o efeito da contiguidade temporal entre a situação traumática e o elemento a serviço da simbolização.

Outra coisa bem diferente é a noção de símbolo que encontramos em *A interpretação de sonhos*, onde a questão da universalidade da significação simbólica dentro de uma cultura determinada — e, às vezes, mesmo além dela — são destacadas, a ponto de Freud (1900) chegar ao extremo de afirmar:

O próprio fato, contudo, acha-se além de qualquer dúvida e é importante para a técnica da interpretação onírica, porque, com a ajuda de um conhecimento do simbolismo onírico, é possível compreender o significado de elementos independentes do conteúdo de um sonho ou peças separadas dele ou, em alguns casos, até mesmo sonhos inteiros, sem ter-se de interrogar o que sonhou sobre suas associações. (p. 722)

Pirotecnias à parte, é o mesmo autor que, parágrafos adiante, iria se reconduzir a uma reflexão mais amadurecida sobre a questão simbólica. Freud expressou-se, então, da seguinte maneira:

Incidentalmente, seria um equívoco esperar que, se tivéssemos um conhecimento ainda mais profundo do simbolismo onírico (da linguagem dos sonhos), poderíamos passar sem o interrogatório do que sonhou sobre suas associações relativas ao sonho e retornar inteiramente à técnica de interpretação da antiguidade. Inteiramente a parte dos símbolos individuais e das oscilações no emprego dos universais, nunca se pode dizer se qualquer elemento determinado do conteúdo do sonho deve ser interpretado simbolicamente ou em seu sentido próprio e ninguém pode ter certeza se todo o conteúdo do sonho não deve ser interpretado simbolicamente. Um conhecimento do simbolismo onírico nunca fará mais que capacitar-nos a traduzir certos constituintes dos conteúdos do sonho e não nos libertará da necessidade de aplicar as regras técnicas que apresentei anteriormente. (p. 723-724)

Sou levado a refletir, depois de partilhar desse último ponto de vista apresentado por Freud, que talvez a questão fundamental não seja propriamente o símbolo e sua tradução, mas antes, a própria simbolização enquanto experiência única de cada ser humano e, portanto, neste sentido, intraduzível ou não traduzível a qualquer forma de denominador comum. Esta é, porém, uma discussão que preciso adiar, já que prenuncia um momento de concluir que ainda terá sua ocasião. Ainda é preciso acrescentar, com relação ao simbolismo onírico que, no lugar da mera simultaneidade casual do símbolo mnêmico, o que se impõe agora como ligação simbólica passa a ser da ordem de um elo lógico. Lorenzer (1970) faz um interessante paralelo da evolução do conceito de símbolo em Freud, na medida em que nos chama a atenção para o fato de que a primeira concepção de símbolo estaria em absoluta sintonia com a noção de trauma, enquanto o simbolismo onírico se alinharia com a noção de fantasia. Na sequência afirma Lorenzer (1970): "Só nas simbolizações se consideram os nexos de significado; só com elas a psicanálise deixa de ser uma psicologia dos acontecimentos para se converter numa psicologia das vivências" (p. 38).

Para concluir esses comentários sobre o simbolismo onírico, lembremos que Freud procurou mostrar que, na verdade, seu alcance vai além do sonho, para expressar-se também nos contos de fada, mitos, lendas, nos chistes e, finalmente, no folclore. Afirma, ainda, que o simbolismo é uma característica do pensamento inconsciente e, portanto, uma criação do processo psíquico primário.

O símbolo e a pulsão de morte

O tema da simbolização que esteve tão presente na primeira tópica freudiana, principalmente nos trabalhos ligados à histeria e aos sonhos, foi praticamente relegado a uma posição de imobilismo na pesquisa freudiana. Curiosamente, se levarmos em conta que a segunda tópica trouxe, em seu bojo, uma nova teoria das pulsões e que esta alterou substancialmente a concepção da dinâmica psíquica, seria de se esperar que isso tivesse levado também a uma retomada da temática da simbolização, o que, afinal, não aconteceu. Em todo caso, o que estou tratando de levar em consideração é o fato de que, ao se colocar diante de um *Além do princípio do prazer*, Freud abre uma nova perspectiva para a compreensão da relação pulsão-representação e que por conseguinte, envolve, no meu modo de pensar, uma necessária revisão da noção de simbolização.

Neste texto de 1920, Freud apresentou sua última formulação para a compreensão da teoria das pulsões. Fiel como sempre à concepção dualística, ele opõe pulsões de vida a pulsões de morte, atribuindo às primeiras a função de sistematização e ordenação cada vez mais complexas da vida mental, sendo que, nesta tarefa, estariam empenhadas as forças da sexualidade e as de autoconservação. Já as pulsões de morte buscariam a descarga da tensão presente no aparelho psíquico de forma total e imediata e tenderiam, portanto, a modos mais simplificados e menos organizados de se processar os acontecimentos mentais. Freud (1920) afirma:

> Descobrimos que uma das mais antigas e importantes funções do aparelho mental é sujeitar os impulsos instintuais que com ele se chocam, substituir o processo psíquico primário que neles predomina pelo processo secundário, e converter sua energia catéxica livremente móvel numa catexia principalmente quiescente (tônica). (p. 83)

Esta afirmação poderia levar à falsa compreensão de que o aparelho psíquico pudesse estar formado desde o nascimento e apto a cumprir essa tarefa. No meu modo de entender, são exatamente as primeiras ligações (creio que esta palavra traduza melhor a ideia de sujeição) que começam a sistematizar o que irá se desenvolver como um aparelho psíquico. Esse é um momento interessante para tentar organizar as ideias sobre a simbolização. Gostaria de lembrar Garcia-Roza (1987) quando, referindo-se à pulsão, ressalta a sua ligação com o corpo enquanto fonte e o mundo dos objetos enquanto linguagem. Ele comenta, em consequência disso, que: "A pulsão é, portanto, desmanteladora da ordem natural e constituinte da ordem humana" (p. 113).

No meu modo de entender, esta foi uma das ideias freudianas de primeira grandeza, lançada nos *Três ensaios sobre a teoria da sexualidade*, onde Freud (1905) destituiu a ideia de instinto em relação à sexualidade humana, para produzir este que é um dos conceitos fundamentais da psicanálise: o conceito de pulsão.

Se aceitarmos, seguindo Freud (1920), que a pulsão por excelência é a pulsão de morte, o passo seguinte em nosso raciocínio será entendê-la como aquilo que constitui o que é da ordem do humano. Em meu modo de entender, a pulsão de morte abriria a possibilidade para a simbolização e, neste sentido, podemos dizer que é dela que parte toda condição da criatividade humana, desde que as relações primitivas do bebê com o ambiente assim o permitam.

Para Freud, o modelo fundamental da inscrição psíquica seria a *experiência de satisfação* vivida pelo bebê junto ao seio materno. A busca por reinvestir o traço mnêmico da experiência de satisfação — uma vivência alucinatória — já é um produto psíquico por excelência, isto é, já é uma representação mental.

Na esteira desse acontecimento fundador, promovido pelo encontro da boca com o seio e a consequente experiência de satisfação que daí decorre, as operações mentais passam a ser reguladas dentro de uma funcionalidade que Freud (1920) denominou processo psíquico primário, cuja economia é sustentada pelo princípio de prazer. Segundo sua descrição, o princípio de prazer: "é uma tendência que opera a serviço de uma função, cuja missão é libertar inteiramente o aparelho mental de excitações, conservar a quantidade de excitações constantes nele, ou mantê-la tão baixa quanto possível" (p. 83).

Penso que esta definição nos permite considerar um aspecto importante da dinâmica pulsional, já que a perspectiva de uma descarga total das excitações só pode ser entendida como moção da pulsão de morte. Por sua vez, a ideia de manutenção de um equilíbrio de investimento no sentido da constância aponta para a complexidade e para a sistematização do aparelho psíquico e, por conseguinte, encaminha-nos para o reconhecimento de uma demanda da pulsão de vida. Levando estas ideias ao extremo do que propõe meu pensamento sobre a pulsão, sou tentado a abandonar a suposta necessidade da posição dualista que marcou o pensamento de Freud.

Considerando a dinâmica psíquica tal como a tenho tratado aqui, o que me interessaria sustentar é que o campo pulsional, que fica fora do psíquico — como afirmou Freud (1915) em seu artigo "O instinto e suas vicissitudes" — equivaleria, essencialmente, ao que se refere ao conceito de pulsão de morte. Daí se depreende que a pulsão, enquanto tal, não é da ordem do psíquico e a este só se submete por intermédio das representações. Se, portanto, a pulsão de morte opera em direção ao aparelho psíquico, criando potência de demanda e, ao mesmo tempo, permitindo abertura para um objeto que não é pré-determinado nem fixo será, como disse há pouco, a vigência do princípio de prazer que irá garantir os primeiros registros psíquicos que, sem dúvida, já podem ser considerados como rudimentos de simbolização.

O próximo passo no desenvolvimento mental será dado pelo incremento da integração da palavra como representação simbólica da realidade. Isto irá permitir uma outra forma de realização psíquica — o processo secundário —, que adia o momento de satisfação até que o teste de realidade confirme a presença do objeto capaz de prover a real satisfação da necessidade. Usando os termos de Freud (1900), enquanto o processo primário visava à descarga imediata por meio de uma identidade de percepção (alucinação), no processo secundário o que se busca é a descarga a partir da identidade de pensamento.

Essa breve exposição de tema tão complicado pode ser desculpada se a intenção de alcançar um foco específico de interesse for compreendida. O que estou privilegiando é o fato de que nos dois processos do funcionamento mental estamos lidando com representações. E esta é a condição fundamental de simbolização, já que supõe que um objeto tenha sido encontrado e depois perdido, deixando em seu lugar, uma representação. É no seio do encontro que surgem seio, boca e o que é pulsão. Pulsão inscrita como representante representativo e pulsão sem inscrição, pulsão de morte ou, como prefiro, simplesmente pulsão.

Enquanto a mãe não puder criar uma condição de hiato entre ela e o bebê, não haverá pensamento. O pensamento surge lá onde o objeto se perdeu, lá onde a coisa foi substituída pela representação, lá onde a pulsão de morte erigiu o *não* como seu representante.

O processo primário e seu modo alucinatório de satisfação tende à anulação do reconhecimento da perda, fazendo coincidir o objeto alucinado com o objeto capaz de produzir efetiva satisfação; mas, de qualquer forma, este engodo já é uma cena psíquica propiciada pelas representações mentais, por conseguinte o início do processo de simbolização. Talvez o que acabo de expor possa ser identificado com o conceito de Segal (1955) de *equação simbólica*. Diz ela: "Na equação simbólica, o substituto-simbólico é sentido ser o objeto original. As propriedades do substituto não são reconhecidas ou aceitas" (p. 87). Como disse, o essencial aqui colocado é que, a partir da condição de representação, surge o potencial para a simbolização.

O atual da pulsão e a função transferencial do analista

O ponto que gostaria de trabalhar a seguir é que a premência pulsional pela descarga, através do único caminho possível — a representação —, nem sempre alcança êxito. Há sempre uma atualidade da pulsão buscando descarga, algo não representado e, portanto, não reprimido. Quando a pulsão, por algum impedimento, não pode ser descarregada, ela expõe o aparelho psíquico a uma vivência de angústia. Dar curso a essa descarga pode ser uma condição diretamente ligada ao potencial criativo do sujeito e, por conseguinte, à sua possibilidade de saúde mental.

A ideia de potencial criativo está associada, no meu modo de entender, ao conceito de pulsão enquanto energia de investimento constante em direção ao inconsciente. É desta quantidade pulsional, nunca de todo acolhida pelo campo do representado, que depende a condição criativa enquanto potencial para o novo e a articulação da experiência emocional do sujeito.

A mãe propicia à criança o acesso à realidade, através de seu corpo e de sua condição de portadora da palavra, que são as formas fundamentais para se ingressar no campo simbólico. A criança só encontrará uma realidade possível de ser compartilhada, na medida em que seja capaz de desenvolver a capacidade de simbolização. Fica evidente, portanto, que uma falha nesse momento do desenvolvimento da criança trará consequências muito graves para seu futuro como indivíduo.

Do ponto de vista freudiano, a pulsão — cuja fonte é o corpo — terá acesso ao psiquismo, mediante sua condição de ser representada. E seu caminho se fará através do inconsciente, até alcançar o nível das representações conscientes.

Destaquei estes dois últimos aspectos - o papel materno no favorecimento do aporte simbólico e a descrição do caminho possível da pulsão no aparelho psíquico -, para poder discutir a simbolização na perspectiva do enquadre analítico. Tenho me feito acompanhar, no decorrer deste trabalho, pela concepção segundo a qual o alcance do ato analítico vai além da revelação do reprimido, para alcançar a possibilidade de simbolização do que continua a insistir como o atual da pulsão. Garcia-Roza (1987) expressou assim esse ponto de vista:

> Se o inconsciente insiste, enquanto recalcado, em se tornar consciente, a pulsão insiste mais fortemente ainda investindo o inconsciente. E poderíamos dizer mais ainda: que o inconsciente só persiste porque a pulsão insiste. É a pulsão que confere realidade ao inconsciente. A repetição do inconsciente

> só se faz nas e pelas máscaras, o mesmo acontecendo com a
> repetição que se dá a nível do pré-consciente / consciente.
> A repetição que se dá a nível da pulsão é de outra natureza,
> não é máscara, disfarce ou sentido, é real. (p. 60)

A mãe teve que se haver com esse real ou, como preferi chamar, esse atual da pulsão em busca de ser simbolizado. O que estou tratando de afirmar é que o analista também se verá convocado a esse lugar, como objeto atual da pulsão. Em outras palavras, penso estar considerando outra maneira de teorizar o campo transferencial, onde o que insiste em repetir-se não é apenas o reprimido, mas a própria atualidade pulsional.

Levando estas questões em consideração, penso que seria importante esclarecer que estou diferenciando o movimento transferencial articulado ao desejo e à representação desta outra forma de transferência, que surge da captura do analista como objeto atual da pulsão. O analista se apresenta como recurso para inscrição de experiências ainda não vivenciadas pelo paciente. Se assim é, caberia, então, ao analista, nesta outra perspectiva transferencial que estou discutindo, mobilizar recursos para que algo que não pôde, até então, ser representado pudesse, enfim, escapar da condição de repetir-se como insistência em busca de simbolização. Isto se daria através do oferecimento dos recursos de transicionalidade do espaço analítico — incluindo-se aí, sem reservas, o analista — para apropriação pulsional por parte do paciente.

Seguindo estas considerações, a postura do analista com relação ao enquadre mereceria ser compreendida por uma perspectiva mais ampliada. Teríamos que levar em conta que o analista precisaria ter, à sua disposição, um instrumento de intervenção na transferência que lhe permitisse ir além dos limites da técnica psicanalítica clássica. Gostaria de citar um interessante comentário de Winnicott (1962) sobre esse assunto, em seu trabalho sobre os objetivos do tratamento psicanalítico:

> Em minha opinião, nossos objetivos ao aplicar a técnica clássica não são alterados se acontece de interpretarmos mecanismos mentais que fazem parte do tipo de distúrbios psicóticos e dos estágios primitivos do desenvolvimento emocional do indivíduo. Se nosso objetivo continua a ser verbalizar a conscientização nascente em termos de transferência, então estamos praticando análise; se não, então somos analistas praticando outra coisa que acreditamos ser apropriada para a ocasião. E por que não haveria de ser assim? (p. 155)

Quando pensamos na prática analítica, pelo menos em sua forma clássica, somos confrontados com uma técnica que se dedica a mobilizar no paciente, através da associação livre, o surgimento de elementos reprimidos e que, portanto, ficam ordinariamente excluídos da consciência, a não ser através do concurso de elementos substitutivos como os sintomas, os sonhos, os atos falhos etc. Nesta perspectiva, o analista estaria buscando, através de seu trabalho interpretativo, revelar o arranjo simbólico desses elementos substitutivos, permitindo ao paciente entrar em contato com a dinâmica de seu conflito.

O analista tem o poder de conjurar os fantasmas inconscientes, principalmente, porque se oferece como suporte para a transferência do analisando, amparado que está pelas condições especiais do espaço analítico. Espaço este que é uma construção, como procurei demonstrar no decorrer do texto.

A demanda que surge no paciente devido a sua possibilidade de reconhecer-se em sofrimento faz com que ele se dirija ao analista e, nesta procura, atribua a ele uma dotação de saber que lhe permite sustentar o investimento no processo analítico, na esperança de alcançar alívio.

Quando o analista acolhe uma demanda de análise, ele se compromete com a sustentação de um campo de estabilidade que engloba: o espaço físico de sua sala, a manutenção dos horários de atendimento, a duração das sessões e alguns outros elementos que organizam o campo físico dessa experiência. Porém, o mais importante é a condição que o analista precisa ter de conservar sua posição transferencial, sem entregar-se ao paciente como modelo de identificação da verdade, ou de normalidade. A verdade ou normalidade sugerem um campo de racionalidade passível de ser transmitido ao outro como ensinamento, como decodificação.

Assim que esses fatores, que destaquei como construtores do espaço analítico, estiverem efetivamente em ação, o analisando poderá valer-se do enquadre analítico para reproduzir nele vivências arcaicas de sua infância, as quais se definem como conteúdos representacionais imobilizados, em maior ou menor intensidade, pela ação da repressão. Essa descrição abarca o que geralmente se entende por transferência, ou seja, uma forma de resolução dada aos conflitos edípicos que se inscreveu inconscientemente, determinando o modo como cada um é capaz de vincular-se às pessoas com quem se relaciona.

Esse tem sido, sem dúvida, o campo predominante da intervenção analítica, e a interpretação do representado, o instrumento usado para alcançá-lo, mas, certamente, não é o único nem talvez o mais importante. Penso que, ao lado dessa potencialidade do trabalho analítico podemos constatar uma outra, que diz respeito ao potencial para simbolização de demandas pulsionais que não puderam até então alcançar o nível do representado. Falo, portanto, de um potencial para simbolização que seria criado pelo enquadre analítico, movido pela força da transferência. É necessário, todavia, que passemos a explorar um pouco mais a noção de transferência para podermos ampliar sua compreensão e conseguirmos subsídios para discutir o potencial de simbolização da experiência analítica.

Se a relação com o analista for estabelecida numa base de sólida confiança, de tal forma que o paciente consiga se expor ao surpreendente em si mesmo pela superação de suas resistências, será esperado, na melhor das hipóteses, que o campo analítico com sua potência transferencial abra-se à virtualidade de novas experiências emocionais. O vínculo analista-paciente se prestaria, então, não somente à revelação do reprimido, como também propiciaria a oportunidade de abertura para que experiências primitivas do sujeito pudessem alcançar o nível representacional simbólico.

Isto se torna particularmente evidente se considerarmos a clínica das psicoses, pois nela fica de todo perceptível a necessidade de entender o processo transferencial como indo além do reprimido. A psicose manifesta uma transferência com características diferentes daquelas que encontramos na neurose. Se o objetivo clínico da análise dos neuróticos é trazer, para o vínculo com o analista, toda a atualização resistencial do reprimido em forma de transferência para então poder interpretar aquilo que resiste à significação, na psicose o que insiste em repetir-se é de outra ordem. Na transferência psicótica, o analista é capturado por um movimento que tenta desalojá-lo da condição de experimentar a estabilidade de seus limites de ser e existir. Ele se percebe tomado pela violência da pulsão não submetida ao campo simbólico da castração.

Quando faço referência à clínica das psicoses, não é porque tenho a intenção direta de levar adiante um trabalho detalhado sobre esse tema, mas sim, para usá-la como contraponto ao modelo analítico clássico e como suporte às ideias que venho desenvolvendo ao longo deste trabalho. Na psicose temos, como afirmei, a expressão superlativa da captura do analista como objeto atual da pulsão. Por outro lado, o que estou tratando de reiterar é que este não é um fenômeno ausente na clínica da neurose, ainda que apareça, obviamente, de forma mais branda.

Nesta perspectiva, a transferência traz em seu bojo mais do que o que foi capturado pela condição desejante do sujeito e o analista se oferece, inevitavelmente, como atualidade objetal para a avidez da pulsão. É importante referir que encontro na obra de Freud elementos teóricos de fundamental relevância para poder pensar estas questões, mas que, ao mesmo tempo, identifico restrições com as quais a clínica de Freud se viu defrontada.

O conceito de pulsão de morte, por exemplo, recolocou para o pensamento psicanalítico, com muita intensidade, a questão do não representado — do pulsional por excelência. E é esse aspecto que precisa ser considerado, quando queremos retomar o conceito de transferência e sua utilização na clínica.

A visão estrutural da segunda tópica freudiana, com a concepção de *id*, abarcou mais do que o que estava referido ao conceito de inconsciente da primeira tópica, abrindo espaço para o não representado, para o campo pulsional com toda sua inclemente força energética. Esta é uma questão que Freud não chegou a integrar em sua teorização sobre a técnica; de fato, não há em sua obra nenhuma consideração neste sentido. Desta forma, pelo menos enquanto objeto da técnica, o pulsional, para ele, ficaria circunscrito ao que se inscreveu no aparelho psíquico como representante representativo.

Também por isso fiz questão de evocar a clínica das psicoses, pois entendo que a marca desta vivência — sua impressão indelével — é que nos conduz a um novo olhar para a experiência transferencial e, como sabemos, foi predominantemente à clínica das neuroses que Freud se dedicou, faltando-lhe, portanto, maiores oportunidades de observar a transferência psicótica. Além disso, esta postura de Freud estava coerentemente afinada com seu modo de entender o psicótico como sendo incapaz de produzir o que ele considerava imprescindível para a realização de uma análise, a *neurose de transferência*.

Quando teorizava sobre o tema, no entanto, ele tinha claro que a etiologia das psicoses — seu ponto de fixação — apontava para um momento muito inicial da relação mãe-bebê, embora nunca tenha tratado de repensar suas concepções sobre a técnica, de maneira a permitir que ela abarcasse esses novos limites da clínica. Com relação à técnica que poderia dar conta destes novos limites, teríamos que considerar que ela nos expõe a uma outra realidade transferencial, como venho afirmando, realidade esta que poderíamos designar como sendo a de uma *psicose de transferência*.

Espero que esteja claro que não estou, de forma alguma, "cobrando" de Freud maior longevidade, para que pudesse ter dado conta de questões que o tempo de apenas uma vida não permitiu resolver. Aponto somente para esta defasagem entre a produção teórica e a formulação técnica, a fim de poder expressar os limites com os quais tenho me defrontado na clínica e que clamam por uma constante reflexão, que possa permitir o desenvolvimento de novos instrumentos para o analista.

Na clínica das psicoses, essa reflexão sobre os limites da técnica é absolutamente necessária, pois nos revela o analista sendo solicitado a um campo transferencial (*psicose de transferência*) espoliado da condição de simbolização. O psicótico é presa de um mundo mental onde é mantido siderado pelo horror da captura por um outro que não pode lhe oferecer a inserção no campo simbólico pela referência à posição de castrado, ficando, por isso mesmo, alijado da possibilidade de se localizar na partilha dos sexos, como homem ou mulher. Essa é a cena alarmante que aguarda o analista e ele dependerá de sua capacidade de expor-se ao desamparo frente às vivências contratransferenciais, para permitir que algo dessa experiência possa alcançar recursos de simbolização para o paciente.

Como já disse, a clínica das psicoses amplia as feições da questão que recortei na discussão da técnica, mas o que insisto em afirmar é que, também nas neuroses, há que se identificar a insistência do não representado. O analista cria, com sua escuta e com seu convite a que o paciente associe livremente, um campo de atração transferencial. O paciente atualizará, neste vínculo, sua forma de amar e de odiar, mas trará consigo também a constante insistência da pulsão que vitaliza o próprio inconsciente. Curioso pensar na pulsão de morte como vitalizadora — até mesmo paradoxal —, mas é sua premência pela descarga total que encontra o aparelho psíquico e o força à vida. Deste ponto de vista, e retomando o que disse no texto a respeito de reconhecer a excelência do conceito de pulsão, no que Freud circunscreveu como pulsão de morte — já que pulsão de vida, como ele a chamou, sempre teria a ver com o que está inscrito —, poderíamos sem dificuldade considerar a pulsão como fonte de transformação psíquica e, portanto, como fonte da capacidade criativa do ser humano.

A visão ampliada da transferência como incluindo também uma sobra pulsional que escapa à condição de representante-representativo obriga-nos a repensar a questão da neutralidade. Pois, se por um lado, o analista não deve se oferecer como objeto de desejo para o paciente, enquanto aquele que por seus atos pode satisfazer a condição desejante deste, por outro lado, se aceitamos que a pulsão busca inscrição enquanto excedente — enquanto sobra —, é necessário que reflitamos sobre como responder a essa nova demanda. Demanda esta que reservaria ao analista, não a condição de objeto de desejo mas antes, a de objeto de necessidade, na medida em que o paciente o solicita lá onde seus recursos psíquicos não encontraram possibilidades de simbolização. Estamos falando de experiências não realizadas, e não de conteúdos reprimidos.

Quando falamos da posição transferencial do analista, habitualmente relacionada à condição de objeto de desejo do paciente, penso que estamos circunscrevendo um campo diferente daquele no qual o analista se apresenta transferencialmente como objeto atual da pulsão, e é neste sentido que empreguei o termo objeto da necessidade. Relaciono esta questão diretamente ao tipo de acontecimentos que marcam os momentos primitivos de desenvolvimento do vínculo mãe-bebê. Nestas circunstâncias, o paciente usa de todas as condições do enquadre e, portanto, do analista, para ensaiar neste contexto novas experiências que até então não haviam encontrado acolhida nos vínculos estabelecidos.

O que sustenta alguém como analista não é a rigidez do enquadre, mas o tipo de escuta que dedica aos pacientes e a maneira como compreende e interpreta, a partir de seu lugar na transferência. O potencial de simbolização no processo analítico se amplia pela condição que o analista tem de reconhecer-se como objeto da atualidade pulsional e, mediante isso, usar o contexto transferencial para poder ajudar o paciente a recortar um novo aspecto de realização emocional que, até então, não havia podido ser significado. A plenitude desta experiência será vivida, quando o analista puder ser deixado de lado como objeto pulsional, para dar lugar ao surgimento e sustentação de um novo objeto subjetivado pelo acesso ao simbólico.

Caberia pensar, como referi há pouco, que este objeto integrado à subjetividade teria sido constituído, não a partir de uma dinâmica referente somente ao que é da ordem do desejo mas, antes, mereceria ser descrito como um objeto da necessidade, uma vez que se instala como forma de reparação a uma falta ou falha ocorrida no desenvolvimento de recursos que poderiam ter permitido ao paciente a ampliação de suas condições de simbolização e, por conseguinte, enriquecido seu mundo interno e suas relações com a realidade.

2.

Inquietações de uma Clínica em Mudança[2]

Ferenczi foi, sem dúvida, um dos primeiros psicanalistas a abordar sistematicamente a questão da técnica analítica, principalmente no que diz respeito à postura do analista como elemento de facilitação ou restrição para a comunicação do paciente. Ele insistia que deveríamos manter uma postura natural com o paciente, o menos afetada possível pela ideia estereotipada de que poderia haver um modelo teórico idealmente adequado para a ação do analista.

Um dos aspectos mais importantes estudados por Ferenczi foi a atualização da vivência traumática do paciente no vínculo transferencial com o analista. Em seu *Diário clínico* (1985), ele nos conta que sua maneira de compreender a atualização transferencial expunha o desencontro de pontos de vista entre ele e Freud.

---

[2] Este artigo foi extraído de minha dissertação de mestrado intitulada *O ato analítico e seu potencial de simbolização*, apresentada no Instituto de Psicologia da Universidade de São Paulo em 1998.

Para Freud, o analista não deveria atuar no drama tornado presente na transferência, a não ser no sentido de ajudar o paciente a dar-se conta de que o passado insiste em se repetir. Tecnicamente, não me parece que Freud jamais tenha alterado esta visão da transferência, embora possamos considerar que, teoricamente, com a introdução do conceito de pulsão de morte, ele nos tenha permitido vislumbrar uma compreensão um tanto diferente. Este, porém, é um tema que não desenvolverei neste momento.

Ferenczi (1985), no entanto, tinha com certeza uma maneira muito particular de ver a questão e expressou-se da seguinte maneira: *"Se adotamos esse ponto de vista e tentamos desde o início apresentar os eventos ao paciente como imagens mnésicas e não da realidade presente, ele pode acompanhar a nossa linha de pensamento, mas fica imobilizado na esfera intelectual e não atinge o sentimento de convicção"* (p. 57).

Penso que esta afirmação faz aflorar a razão primeira deste trabalho, já que minha questão interroga, exatamente, se uma maior mobilidade do analista com relação ao enquadre não viria a permitir que fosse ampliada a condição de simbolização das experiências emocionais do paciente.

Algumas contribuições de Ferenczi

É com o propósito de ampliar a discussão que acabei de esboçar, que introduzo algumas ideias de Ferenczi, as quais me parecem capazes de oferecer subsídios para podermos continuar pensando a técnica para além dos limites onde Freud a deixou.

É, principalmente, a visão que Ferenczi tem da presença do analista, como capaz de produzir um ensejo de atualidade às vivências transferenciais, que estou procurando destacar para atender aos propósitos de minha reflexão sobre a técnica. Não pretendo colocar em questão todo o alcance do pensamento conceitual de Ferenczi, mas apenas aproveitar de sua sensibilidade no exercício da clínica psicanalítica, para dialogar com ele sobre alguns aspectos que, na técnica freudiana, em minha opinião, não foram desenvolvidos a contento.

Antes, porém, gostaria de fazer uma breve referência ao pensamento de Cassirer (1944) sobre a questão da temporalidade, que me pareceu bastante coerente com a visão de transferência que estou privilegiando. Ele diz que: "O organismo nunca está localizado em um único instante. Em sua vida, três tempos — passado, presente e futuro — formam um todo que não pode ser dividido em seus elementos individuais" (p. 86).

A maior mobilidade do analista frente a sua tarefa remete, principalmente, à possibilidade de reconhecer que, não só o que está reprimido se insinuará na cena analítica, mas também a demanda por um campo de experiência que aponta para o não vivido, para um potencial que o sujeito não pôde, até então, utilizar.

Recentemente supervisionei um caso, apresentado por uma colega, cuja questão era poder compreender por que o paciente teria abandonado o tratamento. Ela o descreveu como um rapaz cujo relacionamento com os pais era marcado por uma característica que poderia ser descrita como reveladora de um sujeito que não conseguia se afastar psiquicamente dos pais, ficando completamente à mercê dos mesmos, especialmente da mãe. O relacionamento dos pais parece, há muito, ter sucumbido à monotonia de se autoignorarem; porém, com respeito ao rapaz, a coisa muda de figura. A mãe não só espreita todos os movimentos que ele faz no sentido de dominar sua rotina, como também o cumula de carícias, deixando-o, ao mesmo tempo, seduzido e atormentado.

No decorrer da infância ocorreu um episódio, no qual ele foi surpreendido numa aproximação mais sensual com sua irmã, o que lhe resultou numa notável surra. O pai executou o castigo — que a mãe decidiu —, para que depois ela pudesse lhe dizer que, na verdade, ele só poderia mesmo contar com ela. Atualmente, o rapaz não consegue prolongar conversas com garotas, pois fica assustado, imaginando que elas possam pensar que ele só se aproxima delas porque está pensando em sexo.

Ele procura análise — ou melhor, a mãe procura por ele —, no momento em que teve uma crise de angústia no teatro onde assistiam juntos a uma peça que, segundo sua descrição, era bastante excitante. Foi a mãe quem marcou e o acompanhou à primeira entrevista com a analista, embora o rapaz já tivesse completado vinte anos. Durante o tratamento, ele se queixava de que a mãe invadia seu quarto constantemente. E que ficava dando-lhe beijos melados e nojentos no pescoço e que não o poupava nem da recomendação de que ele olhasse para os dois lados antes de atravessar a rua.

Como disse, esse paciente abandonou o tratamento e, durante a supervisão do caso, discuti com sua analista algumas questões dentre quais quero aqui selecionar uma, para exemplificar meu ponto de vista sobre a importância do analista emprestar sua escuta ao que está mais além do reprimido.

A analista tinha uma boa compreensão da dinâmica na qual o paciente estava enredado e fazia intervenções, tentando mostrar-lhe a relação de sua angústia com o seu aprisionamento edípico e a consequente limitação de sua vida emocional. Em vários momentos, a analista pontuava a referência transferencial no material apresentado pelo paciente e circunscrevia o que, para ela, representava uma repetição das vivências com a mãe.

Conversamos a respeito disso e fomos entendendo que, embora as interpretações realmente apontassem para conteúdos verdadeiros sobre as vivências do paciente, isso não lhe propiciava alívio algum; antes, criava uma condição igualmente claustrofóbica no espaço analítico, na medida em que a analista, como a mãe dele, acompanhava de perto seu pensamento e situava a si própria como referência transferencial dos mesmos.

Interpretar os conteúdos reprimidos, aparentemente, não foi o suficiente e, em minha opinião, na verdade, esse garoto jamais pôde experimentar seu mundo interno como sendo um espaço de intimidade e segredo, onde fosse possível praticar o existir para o desejo sem ser devassado pela intromissão do outro. Penso que era isso que ele precisava encontrar na análise; poder estar com alguém sem ter que falar tudo, revelar tudo, até o momento em que fosse possível construir um contorno de si, que o fizesse sentir-se abrigado e lhe permitisse a escolha de confiar na possibilidade de um encontro com o outro, que já não seria mais, incondicionalmente, sem saída.

Para que o paciente pudesse ter acesso a recursos que até então não tinham se desenvolvido, dado que os vínculos estabelecidos por ele eram marcados apenas pela estereotipia da repetição, a analista precisaria criar condições para um novo tipo de experiência do paciente, qual seja, a possibilidade de estar sozinho na presença do outro. Esse seria o ponto de urgência na demanda do sujeito que deveria ser atendido, antes de mais nada, para garantir a continuidade de seu vínculo com a analista e o prosseguimento de um processo analítico que, aí sim, teria que abarcar o campo da transferência onde se atualizam os conteúdos reprimidos. Antes desse momento ser atingido, parece-me que a transferência em jogo era de outra ordem, diferente daquela por onde se insinua o desejo na configuração edípica atualizada com o analista.

Acredito que, neste caso, o paciente colocava a analista diante da possibilidade de reconhecer que ele tinha uma necessidade mais primitiva, que seria a sua carência de um espaço psíquico onde ele pudesse sentir-se seguro contra a invasão pelo outro.

Ferenczi, em uma de suas primeiras proposições, no sentido de desenvolver e ampliar o campo da terapêutica analítica, adotou uma formulação que chamou de *técnica ativa*. Nesta perspectiva, ele seguia o exemplo de um procedimento de que Freud lançara mão com algumas de suas pacientes, principalmente histéricas, de fornecer sugestões diretas a elas. Um dos exemplos que podem ilustrar esse manejo é o caso de Elizabeth von R. relatado por Freud nos *Estudos sobre a histeria*, em 1893.

Elizabeth, como todos sabem, estava atormentada pela morte da irmã. Por isso, vivia intensos sentimentos de culpa relacionados ao seu desejo amoroso pelo cunhado — agora viúvo. Freud lançou mão de um procedimento drástico, no qual pedia à paciente que fosse visitar o túmulo da irmã com o objetivo visível de promover um incremento de tensão na paciente e, quem sabe, fazer aflorar, com mais intensidade, a conflitiva inconsciente.

Outra forma através da qual Freud (1918) tentou lidar com situações clínicas que, segundo sua observação, haviam chegado a um momento de impasse, foi determinar um tempo preciso para o término da análise como ele nos contou no caso clínico do Homem dos Lobos:

> Determinei — mas não antes que houvesse indícios dignos de confiança que me levassem a julgar que chegara o momento certo — que o tratamento seria concluído numa determinada data fixa, não importando o quanto houvesse progredido. Eu estava resolvido a manter a data; e finalmente o paciente chegou à conclusão de que eu estava falando sério. (p. 23)

Muito tempo depois, em 1937, ao retomar a questão da técnica no trabalho *Análise terminável e interminável*, afirmou ter empregado a técnica da fixação de tempo para o término da análise em vários casos. Fez também, neste mesmo texto, alguns comentários importantes sobre o tema:

> Só pode haver um veredicto sobre o valor desse artifício de chantagem: é eficaz desde que se acerte com o tempo correto para ele. Mas não se pode garantir a realização completa da tarefa. Pelo contrário, podemos estar seguros de que, embora parte do material se torne acessível sob a pressão da ameaça, outra parte será retida e, assim, ficará sepultada, por assim dizer, e perdida para nossos esforços terapêuticos, pois uma vez que tenha fixado o limite de tempo, não poderá ampliá-lo; de outro modo, o paciente perderia toda a fé nele. (p. 250)

O que podemos perceber é que a proposição dessas alterações técnicas da parte de Freud visavam, em primeiro plano, suplantar situações de acirramento da resistência durante o processo de análise. Mas, por outro lado, também estava contemplada a possibilidade de que essa mudança na técnica pudesse propiciar uma redução significativa do tempo de análise, sempre criticado por ser considerado extremamente longo.

Gostaria de assinalar aqui que a questão da resistência poderá estar apontando para uma dificuldade do analista em reconhecer o que está sendo demandado pelo paciente. Por exemplo, no caso de minha supervisionanda, a insistência em interpretar a suposta transferência edípica com a analista, sem

DESAFIOS PARA A TÉCNICA PSICANALÍTICA   51

antes dar conta de elementos de outra ordem, como a incapacidade do paciente em refugiar-se da invasão pelo outro. Ou ainda, usando como exemplo o próprio Freud (1918) que, com seu caso do Homem dos Lobos, privilegiou o que ele entendia ser uma transferência neurótica, no contexto da referência edípica, e não se deu conta de uma situação subjacente, que apontava para uma transferência mais regredida com elementos da clínica da psicose.

Voltando a Ferenczi (1985), ele nos diz o seguinte, sobre a *técnica ativa*:

> Quando o doente abandona atividades voluptuosas ou se obriga a praticar outras carregadas de desprazer, novos estados de tensão psíquica surgem, sobretudo, acirramentos desta tensão que vão perturbar a quietude das regiões psíquicas afastadas ou profundamente recalcadas que a análise até então não alcançara, de forma que suas sequências encontrem — sob a forma de ideias significantes — o caminho da consciência. (p. 196)

A aplicabilidade desse recurso técnico, no entanto, estaria condicionada a uma série de cuidados que Ferenczi não se poupou de explorar. Dentre eles, Ferenczi considera que este procedimento nunca deveria ser utilizado no início de um tratamento, devendo ser reservado para situações nas quais se verifique uma paralisação da cura, num processo terapêutico bem estabelecido. A intenção precípua seria, portanto, a de instalar um incremento de tensão no vínculo transferencial, pela confrontação com situações dotadas de potencial para ativação de vivências traumáticas. Outra importante reflexão sobre o trabalho do analista seria feita por Ferenczi (1928) em seu artigo "A elasticidade da técnica psicanalítica":

> Levanto aqui um problema que até o presente nunca foi colocado, o de uma eventual metapsicologia dos processos psíquicos do analista, no decorrer da análise. Seus investimentos oscilam entre identificação (amor objetal analítico), de um lado, e autocontrole ou atividade intelectual, de outro. Durante seu longo dia de trabalho, ele não pode nunca se entregar ao prazer de dar livre curso a seu narcisismo e a seu egoísmo, na realidade; e mesmo no fantasma, apenas por curtos momentos. Não duvido que uma tal sobrecarga — que afora aí não se encontra na vida — cedo ou tarde exigirá a elaboração de uma higiene particular do analista. (p. 310)

A questão que Ferenczi destacava neste artigo era exatamente a de que o analista se constitui como tal, a partir de sua própria análise. Apenas a condição de ter sido efetivamente analisado permitiria ao analista poder dar conta dessa intensa exposição ao outro — que ele chamou, neste texto, de *sentir com.* Esta definição parece apontar para a possibilidade de que o analista pudesse entregar-se a um contato mais profundo com as experiências que fossem despertadas nele, pelo contato transferencial com o paciente.

Retomo a colocação de Ferenczi (1928), quando aponta para a necessidade de se levar em conta a metapsicologia dos processos psíquicos do analista, o que, mais uma vez, pareceria conduzir para a questão da atualidade no vínculo transferencial, que retiraria o analista da impossível posição de neutralidade, para articulá-lo à condição de artífice na cena do encontro.

Ferenczi, todavia, não se deteve aí, mas manteve uma pre-ocupação constante com as questões ligadas à técnica. Isto o levou a uma outra proposição que foi aos limites do que chamou *análise mútua*, onde propunha que o analista devia expor-se ao paciente sem máscaras e reconhecer seus sentimentos para com ele. Em outras palavras, devia permitir que o paciente reconhecesse e analisasse os complexos do analista.

Para Ferenczi (1985),

> Certas fases da análise mútua representam, de uma parte e de outra, a renúncia completa a todo constrangimento e a toda autoridade; a impressão que se tem é a de duas crianças igualmente assustadas que trocam suas experiências, que, em consequência de um mesmo destino, compreendem-se e buscam instintivamente tranquilizar-se. (p. 91)

Sem necessariamente colocar em julgamento os aspectos críticos, que por outro lado, ele próprio levantou no texto acima citado, o que me parece importante destacar é o fato de que Ferenczi insistiu ser essencial o reconhecimento da sensibilidade do paciente para com o ser do analista. E, em consequência disso, propôs a utilização técnica deste recurso para benefício da análise naquilo que ela, inevitavelmente, tem de mútua.

Ferenczi considerava que a pretensa neutralidade analítica, principalmente quando se traduz pelo não reconhecimento do ser histórico do analista mascarado pelo ser técnico, levaria, inevitavelmente, a impasses intransponíveis no progresso de uma análise. Assim sendo, o analista não só deveria se dar conta de sua própria transferência, como fazer dela instrumento de comunicação com o paciente. Além do que, a regra fundamental que rege o analista, a *atenção flutuante*, depende essencialmente da possibilidade de que, em sua própria análise, ele tenha podido dar conta de seus conflitos, de forma a poder abandonar-se aos movimentos transferenciais do analisando, sem buscar refúgio na rigidez para impedir a vivência dos movimentos de sua própria transferência. Com isso, a condição de simbolização das experiências emocionais durante o processo analítico poderia ser consideravelmente ampliada, na medida em que o analista conseguisse superar suas resistências e, com isso, propiciar ao paciente a possibilidade de expor-se de forma mais regredida e dependente.

A busca da realização simbólica

Quando alguém que procura análise fala comigo ao telefone e decidimos por um horário que nos seja comum, chegará então o momento em que esta pessoa se apresentará diante de mim, no espaço do meu consultório. O que ela verá? Como conformará esse espaço? Como o representará? Certamente não é a mesma coisa para cada um dos pacientes que já tive em tratamento; eu não sou o mesmo e o consultório não é o mesmo — somos frutos de um recorte da transferência sempre diferenciado. As variações são enormes: tanto das percepções do consultório, quanto daquelas que dizem respeito a mim, diretamente. E quando pergunto sobre a forma de representação que cada paciente pode fazer do campo perceptivo devo acrescentar que, talvez, esta condição precise ser colocada de uma forma que admita a possibilidade de que esta representação seja circunstancial e dependente do momento transferencial vivido pelo paciente. Fator que, novamente, estaria apontando para um melhor uso do enquadre, como campo propiciador de recortes simbólicos por parte do paciente; desde que o analista esteja atento a esse potencial.

Uma paciente, que já estava comigo havia alguns anos, interrompeu-se no que dizia para me perguntar se as cadeiras à sua frente já estavam ali antes. Não só estavam como ela própria já estivera sentada em uma delas, durante o período de entrevistas. Outra paciente elogiou meu quadro novo que, igualmente, estivera no mesmo lugar desde o início do seu tratamento. Os exemplos seriam inúmeros, mas o que me interessa reforçar com eles é esse caráter de apropriação e, às vezes, de desapropriação perceptiva por parte dos pacientes.

Gostaria de organizar um pouco as ideias que comecei a explorar aqui, começando por esclarecer e definir esse conjunto de elementos que agrega: o espaço físico do consultório, os limites contratuais que definem o funcionamento e manutenção da análise e, ainda, a presença do analista — como espaço potencial analítico. Em outras palavras, espaço potencial para simbolização de experiências emocionais.

Quando reflito sobre essas questões, que são de inegável importância, sou conduzido à descrição feita por Cassirer (1944) da condição primeira de humanização — a utilização de símbolos — quando afirmou que o homem vive numa dimensão própria de realidade. Diferentemente dos animais, para o homem, a realidade física (natural) *"parece recuar em proporção ao avanço da atividade simbólica do homem"*. E acrescenta que ao homem estaria vedada a condição de contato direto com as coisas em si; ao homem restaria conversar consigo mesmo.

Winnicott e o espaço potencial analítico

Para seguirmos adiante no desenvolvimento desta temática de um espaço que intermedia a realidade e o mundo interno do homem, quero referir, o quanto antes, que as concepções de Winnicott de objeto transicional e fenômenos transicionais serviram-me como clara referência para pensar sobre essas questões. Em seu trabalho de 1951 sobre o tema ele comenta:

> Essa área intermediária de experiência, incontestada quanto a pertencer à realidade interna ou externa (compartilhada),

constitui a parte maior da experiência do bebê, através da vida, é conservada na experimentação intensa que diz respeito às artes, à religião, ao viver imaginativo e ao trabalho científico criador. (p. 390)

Penso que esse seja o ideal de utilização do espaço potencial analítico: permitir o surgimento da força criativa da atividade onírica, para que o paciente possa usá-la de modo imaginativo e, poderíamos ainda acrescentar, em um espaço de transicionalidade. O espaço analítico, portanto, seria construído em torno ou pelo contorno de dois tipos de vivências: por um lado, a realidade externa e, por outro, a projeção transferencial do mundo interno do paciente. É nesta cena transicional que analista e paciente são, alternadamente, sujeito e objeto de uma realidade especial que convida a sonhar. Winnicott (1951) faz o seguinte comentário a respeito deste tópico:

Introduzi os termos objetos transicionais e fenômenos transicionais para designar a área intermediária de experiência, entre o polegar e o ursinho, entre o erotismo oral e a verdadeira relação de objeto, entre a atividade criativa primária e a projeção do que já foi introjetado, entre o desconhecimento primário de dívida e o reconhecimento desta. (p. 391)

É curioso pensar como a palavra, no espaço analítico, presta-se a esse papel de transicionalidade, já que nós a retiramos do contexto mais objetivo referido ao código de comunicação que nos serve de referência social e a escutamos — a partir de Freud — como associação livre. Gostaria de deixar claro, porém, que não restrinjo à palavra este potencial. Cada gesto de que sejam capazes o paciente e o analista poderá revelar esse mesmo recurso.

Quero ampliar essas questões, trazendo alguns elementos de minha experiência clínica, para ilustrar o que chamei de potencial de simbolização do processo analítico. Para tanto, farei uma breve referência ao caso de uma jovem mulher que sofria com uma grave anorexia nervosa. Seus padecimentos eram traduzidos de forma direta na fragilidade apequenada de seu corpo e por sua fugidia vitalidade.

Durante um momento particularmente difícil de sua análise comigo, tentei dizer-lhe algo que eu acreditava pudesse promover novas associações e, quem sabe, retirá-la de seu aparente imobilismo. Ela se sentia triste, desamparada e fazia longos silêncios intermediados por queixas monótonas e repetitivas. Disse-lhe alguma coisa tentando referenciar seu sofrimento a alguns elementos de suas associações e, no final dessa interpretação, mais longa que útil, acrescentei que ela comunicava seu sofrimento, como se tentasse alcançar uma sensação que fosse consistente.

A sequência dessa intervenção nos encontrou num profundo e duradouro silêncio. De minha parte restou a ignorância e a solidão mas, de alguma maneira, não havia exasperação ou ansiedade para produzir intervenções.

Na sessão seguinte, a paciente deitou-se no divã e ficou ainda algum tempo em sua quietude até que, brandamente, mas com muita emoção, começou a me contar sua experiência da sessão anterior. Disse-me que ao ouvir a palavra consistente, teve uma sensação estranha pelo corpo, mas que não era desagradável. Aos poucos, foi tendo uma vivência de reconhecimento de si mesma que me disse nunca ter experimentado antes e que, por isso, sentiu-se muito grata a mim.

Não creio que possa dar conta desse momento de minha clínica, apenas lançando mão de parâmetros que poderiam servir para situações em que uma representação é liberada do jugo da repressão. Neste caso, a compreensão que tive me fez pensar que a palavra, *consistente*, contornou o corpo da paciente, tal qual acontece quando uma criança contorna com traços de lápis sua pequenina mão. Foi uma experiência de limites, de corporeidade e de preenchimento substituindo a estereotipia do queixume monótono e da palavra vazia.

Talvez esse exemplo clínico possa propiciar um maior aprofundamento do que tenho insistido em chamar de um "melhor aproveitamento do potencial de simbolização no encontro analítico". A concepção de encontro não traz em si, nem a ideia de anulação de um dos elementos, nem a ideia de justaposição dos mesmos, mas uma visão que concebe a virtualidade de um lugar psíquico entre analista e paciente. Essa virtualidade teria o potencial da transicionalidade.

Assim, no caso citado, a palavra *consistente* é tomada nessa condição de transicionalidade, e eu a produzo não por uma premeditação racional: ela me surpreende e dota-se de um potencial que só encontra tradução no movimento transferencial da paciente. Ela se apossa disso como instrumento revelador da possibilidade de integrar uma nova vivência a respeito de si mesma. É muito importante reconhecer esse movimento de integração e gratidão numa paciente cuja forma característica de existir tem sido a anorexia.

São variadas as situações nas quais nos vemos envolvidos com um alcance não premeditado— antes inusitado —, quando fazemos uso de uma interpretação. O paciente, no melhor dos casos, também não ouve de forma linear a lógica implícita em nossas palavras; ele sonha com elas, encanta-as com significação própria.

Um paciente, certa vez, me contava sobre seus afazeres profissionais com velocidade e preenchimento compulsivo de seu tempo de análise. Havia, no entanto, algo de novo em nossa história juntos que era o fato de, em alguns momentos, surgirem questões do paciente que apontavam para sua impossibilidade de explorar o novo, insinuando-se aí a possibilidade de vislumbrar as restrições de sua liberdade enquanto ser desejante. Fiz uma interpretação que visava resgatar esse elemento do novo que se insurgia na transferência, usando os elementos de suas associações.

Acho que, de fato, fiz uma boa interpretação, mas o mais interessante foi que o paciente provavelmente nem a ouviu e, se ouviu, com certeza não fez conta dela. Acontece que, em uma das frases por mim formuladas, utilizei a palavra *ignorante* para estabelecer um contraponto à ideia de *conhecedor* — aquele que domina um saber — mas pouco importa a intenção que eu tenha tido e, sim, o efeito desestruturante que a palavra promoveu. O paciente se apossou dela, retirando-a de todo contexto que eu lhe havia emprestado e isso acabou permitindo que trabalhássemos questões que eu, em momento algum, premeditara.

Não estou, obviamente, creditando mérito ao puro acaso. No que de fato acredito, com toda convicção, é que tanto analista quanto paciente podem, de fato, ser mais criativos do que lhes permite apreender suas limitadas consciências.

Penso que estes acontecimentos talvez sejam exatamente o tipo de experiências que Winnicott quis circunscrever com a ideia de transicionalidade, isto é, uma área de experimentação e de criação. Ele a define assim:

> Trata-se de uma área que não é disputada, porque nenhuma reivindicação é feita em seu nome, exceto que ela exista como lugar de repouso para o indivíduo empenhado na perpétua tarefa humana de manter as realidades internas e externas separadas, ainda que inter-relacionadas. (p. 391)

Considerações finais

Creio que esta visão do campo analítico expõe e amplia nossas condições de reconhecimento do potencial de apreensão simbólica, como um importante instrumento para a exploração de um limite terapêutico que vá além da interpretação de sentido para um conteúdo reprimido. Isto nos possibilita, portanto, aumentar nosso alcance técnico na abordagem dos quadros psicopatológicos, os quais Freud julgava inacessíveis ao trabalho analítico por não permitirem o estabelecimento de uma transferência nos moldes da neurose. Situações clínicas como as psicoses, por exemplo, que exigem do analista um intenso trabalho de construção simbólica diante de um aparelho psíquico marcado pela espoliação deste tipo de conteúdo. Destaco ainda, como procurei demonstrar ao longo deste trabalho, que mesmo a análise das neuroses alcança outros níveis de profundidade, quando o analista concebe sua posição transferencial como indo além da mera repetição do mesmo.

Penso ter deixado claro que minha intenção não era a de explorar todo referencial conceitual dos pensamentos de Winnicott e Ferenczi. Lancei mão de suas ideias, porque elas me possibilitam lidar com a clínica, lá onde a técnica freudiana, em sua formulação clássica, deixa-me em desamparo. Ou seja, quando os pacientes precisam fazer uso do espaço potencial analítico para construir recursos de simbolização que ainda não haviam sido possibilitados por suas experiências anteriores.

3.

SOBRE A EXPERIÊNCIA TRANSFERENCIAL[3]

No início deste trabalho, antes de qualquer reflexão teórica, gostaria de expor um breve material clínico para poder revê-lo e, quem sabe, reencontrá-lo de uma outra forma, com outro olhar, diferente daquele que pude ter, quando estive capturado pela vivência do imediato, tentando dar conta do mesmo como analista.

Trata-se de uma pessoa cuja vida iguala, neste momento, o que de pior podem trazer os pesadelos. A doença grassa em sua família como uma peste, atingindo, inclusive, ela própria de maneira mutilante. Seu pai acaba de falecer e sua irmã vive seus últimos momentos, numa pouco digna agonia. Há, portanto, um quadro realístico de desgraça e sofrimento assolando sua vida, mas há também seu jeito de ser e sua maneira própria de sofrer.

Numa determinada sessão, pouco depois da morte de seu pai, começou a falar sobre a irmã, dizendo que ela está querendo

---

[3] Este trabalho foi originalmente publicado na revista *Psichê* nº 9, (2002), do Centro de Psicanálise da Universidade São Marcos, São Paulo.

vender, o mais rapidamente possível, um imóvel de sua posse porque gostaria de saldar algumas dívidas. Minha paciente reconhece, neste gesto, o contato de sua irmã com seu estado terminal e seu desejo de tomar as últimas providências práticas para facilitar a vida de seus entes queridos.

Em seguida, contou-me que continuava acordando no meio da madrugada e que, por isso, tinha voltado a consultar o psiquiatra para, talvez, rever a redução que ele havia feito em sua dosagem de medicação. Relata que ele sugeriu que insistisse um pouco mais para tentar adaptar-se a esta dose reduzida, pois, caso contrário, ela provavelmente voltaria a sentir os efeitos colaterais de sonolência e moleza durante o dia, como havia se queixado em sua última consulta.

Comentou, então, que dormira um pouco melhor naquela noite e, na sequência, disse-me que tinha achado "legal" uma coisa que o psiquiatra comentara com ela. Seu médico lhe teria dito que a realidade que ela estava vivendo era, de fato, perturbadora e que, portanto, tinha motivos para estar deprimida, o que a deixou aliviada. Acho interessante comentar que isso foi uma das primeiras coisas que eu lhe disse ainda no começo de sua análise, sendo que tive, ainda recentemente, oportunidade de repetir algo muito próximo disso.

Durante este início de sessão, a paciente tinha a respiração difícil e cheia de longos suspiros, que me chamavam a atenção. Fez um silêncio mais prolongado e eu lhe perguntei o que se passava. Ela respondeu que achava que eu lhe dava pouco; parecia-lhe frio e me achava muito tímido, além de me arriscar pouco.

Minha primeira reação à sua fala foi na linha de um pensamento mais reflexivo a respeito da possível verdade sobre mim, contida naquela afirmação. Lembrei-me de algumas questões minhas, algumas doloridas e, em seguida, experimentei certo alívio e pude continuar a ouvi-la, sem nada interpretar.

Esta me pareceu uma experiência muito interessante, pois ao mesmo tempo que o que ela havia dito me cabia em certa medida — minha medida —, o fato de poder pensar nas minhas mazelas e reconhecê-las com suas proporções, permitiu-me alcançar a tranquilidade necessária para manter a escuta analítica.

A paciente continuou sua fala e, ao se referir a mim, o fez usando meu nome na forma que mais lhe confere um tom de proximidade e intimidade, chamando-me de "Zé". Quando terminou sua frase, disse-lhe que ela havia se arriscado, fazendo, com isso, alusão clara ao fato de ela ter me dito que eu não me arriscava. Ela sorriu e, nas associações seguintes começou, de forma um pouco confusa, a me dizer que havia se questionado se não deveria ter procurado sua antiga analista, pois esta a conhecia muito bem e talvez pudesse ajudá-la mais.

Seguiu-se um breve silêncio e, então, contou-me que as pessoas costumam dizer que ela é fria, relacionando isso com o assunto que trouxera no início da sessão: a venda do imóvel da irmã e o modo como resolvera, objetivamente, a situação. Ela acredita que esses comentários sobre sua frieza sempre lhe foram feitos, pelo menos, desde a adolescência. Lembra-se, então, do aborto que fez e de ter sido bem pragmática no encaminhamento das providências que teve que tomar. Disse-me, em seguida, que estava com vontade de chorar, mas que não conseguia fazê-lo.

Contei-lhe, então, que a impressão causada por sua respiração, enquanto me contava suas coisas, era a de que ela tinha estado chorando desde que acordara, ainda de madrugada. E que eu acreditava que ela estava abortando o sono e o sonho, para não entrar em contato com sua tristeza.

A paciente chorou intensamente e, quando se acalmou, contou-me que fizera outra associação com a questão da frieza: disse-me que havia ficado pensando em seu jeito machista de lidar com os homens. Sai com vários deles, mas não tem nenhum companheiro; usa-os apenas para transar, quando tem vontade; só quer sexo.

Neste momento, digo-lhe que me parece que ela precisava, desesperadamente, da minha ignorância sobre ela. Pensava, é claro, no motivo pelo qual ela havia procurado outro analista, e não, a anterior. Ela, então, me disse que achava a ignorância muito cinza, muito pesada.

Comentei que podia concordar com ela, mas que quando ignoramos e conseguimos admiti-lo, abre-se também a possibilidade de se ter esperança, o que, quase sempre, a certeza nos tira. Seguiu-se um tranquilo silêncio e só voltei a ouvi-la quando, ao sair, olhou-me e disse "obrigada".

Terminada a sessão, vi-me envolto em pensamentos sobre o meu trabalho e, principalmente, sobre a questão da transferência. O que penso a respeito dela, enquanto um dos mais fundamentais conceitos psicanalíticos? Como lido com ela em meu trabalho clínico? Foi com esse estímulo que resolvi recompor aqui, em linhas gerais, o acontecido durante a sessão relatada.

O primeiro aspecto que me chamou a atenção foi que, em minhas interpretações, raramente utilizo expressões como "você está repetindo comigo o mesmo que dizia acontecer referindo-se ao seu chefe", ou a seu pai, tanto faz. Tenho sempre a impressão de que isso o paciente pode descobrir por si mesmo sem grandes dificuldades.

O que faço então, diante da compreensão de que minha paciente relata com frieza a proximidade da morte da irmã e, pouco depois, atribui a mim frieza e timidez quando se trata de arriscar? O curioso desta situação foi exatamente o fato de que meu trabalho analítico teve, em primeiro plano, que se voltar para mim mesmo. Era como se à paciente eu devesse uma interpretação silenciosa, enquanto tinha que dar conta de continuar minha própria análise, pelos caminhos abertos pela reverberação dos ruídos da transferência da paciente em mim. Antes, portanto, de interpretar a transferência, ou, em outras palavras, a projeção para mim de vivências arcaicas sendo repetidas, foi necessário interpretar a mim mesmo, para evitar ser simplesmente reativo — no sentido negativo do termo —, o que poderia levar a uma forma de ataque à paciente com o intuito defensivo de minha parte.

Aqui se abrem algumas perspectivas interessantes. A primeira delas é que, deste ponto de vista, a análise pareceria poder progredir independentemente da interpretação direta do material trazido pela paciente, simplesmente pelo fato de que a compreensão da dinâmica transferencial liberaria o analista do circuito repetitivo e o deixaria livre para continuar mantendo a escuta analítica. A segunda perspectiva seria a de que, a partir deste novo lugar transferencial, o analista poderia então se apresentar para a relação com o paciente, fazendo uso da potência que tem este espaço para a produção de novas simbolizações de experiências emocionais.

Gostaria de salientar que a primeira das perspectivas que destaquei não pode ser tomada de maneira ingênua. É claro que não estou menosprezando o trabalho interpretativo mais convencional do processo analítico nem banalizando seus efeitos. O que penso é que o paciente poderá usar mais intensamente o espaço da análise, a partir dos recursos que lhe são oferecidos pelas características do mesmo, as quais dependerão diretamente do modo como o analista se comporta na transferência. Quando colocamos a situação do enquadre psicanalítico que, em geral, inclui o divã, a frequência semanal das sessões e a regra da associação livre, além, é claro, da forma especial de escuta que dedicamos ao que o paciente nos conta, estamos propiciando um espaço de mudança.

No melhor dos casos, quando o paciente se acha preparado para usar o espaço a ele oferecido — e que, na verdade, é construído por ambos, analista e paciente —, poderemos facilmente reconhecer que o paciente, em muitas ocasiões, será capaz de chegar à interpretação por si mesmo, apenas ajudado pela

DESAFIOS PARA A TÉCNICA PSICANALÍTICA   69

paciência "parteira" do analista. O destaque pretendido por mim visava a apontar que o trabalho mais profundo da análise está em lidar com situações da vida mental do paciente que ainda não têm prontidão alguma para serem simbolicamente cingidas por uma interpretação do tipo que empregamos para alcançar o material reprimido.

Se recorrermos ao importante trabalho de Laplanche & Pontalis, - *Vocabulário da psicanálise*, encontraremos, no verbete sobre a transferência, o seguinte resumo da concepção freudiana geral sobre o tema:

> Designa em psicanálise o processo pelo qual os desejos inconscientes se atualizam sobre determinados objetos no quadro de um certo tipo de relação estabelecida com eles e, eminentemente, no quadro da relação analítica. Trata-se aqui de uma repetição de protótipos infantis vivida com uma sensação de atualidade acentuada. (p. 668-669)

Esta definição de transferência contempla, de maneira direta e específica, o que chamei acima de *material reprimido* e a forma como este é revivido na relação com o analista. Identificar apenas o sentido dessa reprodução é o que considerei a parte mais superficial do trabalho analítico, o que, insisto, não tira, de forma alguma, a sua importância e nem nos redime de ter que levá-lo adiante. O que estou querendo salientar, todavia, é que, diante desta perspectiva transferencial, a compreensão de uma possível terapêutica psicanalítica se organizaria em torno do esclarecimento — e uso essa palavra com o intuito de referir um ato intelectivo — que o analista pudesse propiciar ao paciente a respeito desse circuito repetitivo que o impediria de elaborar seu conflito.

É bastante provável que esta sucinta exposição mereça crítica, pelo caráter de brevidade e simplicidade como tratei o tema da transferência em Freud, mas desculpo-me a partir da intenção de ter pretendido apenas usá-la como contraponto às ideias que estou buscando desenvolver.

Pensando em minha paciente, se todos e ela própria sabem como ela é — e aqui me refiro a certo conhecimento sobre a incidência da repetição de seu comportamento "frio" — considero que seria muito importante ela viver uma relação transferencial que contemplasse a possibilidade da ignorância sobre ela, mesmo porque todas as certezas na sua vida são, atualmente, mortíferas. E não será sempre assim com a certeza?

O sentido principal destas ideias, que procurei ilustrar com a pequena vinheta clínica apresentada, seria o de expor uma forma de teorizar o campo transferencial, entendendo-o a partir da possibilidade de criação de um espaço de apresentação de potencialidade simbólica para as experiências emocionais do paciente, na relação com o analista. Podemos perceber que a paciente revela, em sua relação comigo, toda a trama de sua posição como ser desejante. Poderíamos, por exemplo, salientar os aspectos marcadamente fálicos de sua personalidade que permeiam toda sua relação com o outro e, seguindo este raciocínio, concluiríamos pelo diagnóstico de histeria. Penso que, do ponto de vista psicanalítico, não seria muito difícil encontrar aquiescência para o que foi exposto. Porém, gostaria de caminhar um pouco mais em uma direção um tanto distinta.

Os acontecimentos dramáticos que descrevi sobre a vida da paciente carregam, sem dúvida, a intensidade do traumático e exigem que ela os enfrente com os recursos que tem a sua disposição. A transferência, conquanto traga repetição dos esquemas que sustentam a vida mental da paciente, traz também em seu bojo, como potência, uma nova forma de vivenciar a situação traumática.

Quando o analista está atento a essa possibilidade, sua atenção se desloca do mero esclarecimento do efeito transferencial repetitivo, para a intenção de propiciar, a partir do enlace transferencial, uma experiência transformadora dos recursos do sujeito.

Penso ter deixado isso claro, quando comentei que minha paciente precisava que eu pudesse me surpreender por ignorar, de fato, suas pré-concepções de si mesma e estar, por isso mesmo, aberto à potência do novo, contida na experiência de nosso encontro.

Em outra oportunidade (Garcia, 1998), já procurei desenvolver esta forma de compreender a transferência como situação privilegiada que pode dar lugar à produção de novos recursos psíquicos, na medida em que o analista ocupe o lugar de objeto atual da pulsão e que, a partir desta posição, possa propiciar, ao paciente, a realização de uma experiência afetiva até então não praticável em consequência de limitações vividas nas relações objetais. Neste sentido, o que estou afirmando é que, se o analista for capaz de compreender sua posição transferencial da forma como acabei de propor, ele poderá usá-la para romper a repetição, introduzindo sua ação desnorteante; algo que acredito ter feito, quando apontei para a paciente, a partir de que lugar eu poderia acolhê-la: meu lugar de confiança e abertura para o seu devir.

Gostaria de ampliar um pouco a discussão do tema da transferência, incluindo, aqui, o material de um outro paciente. Farei um breve relato de nosso encontro ou, como seria talvez mais apropriado dizer, do fracasso de nosso encontro. Minha intenção é explorar o que há de radical na experiência transferencial e os impasses a que ela nos submete. Este foi um daqueles acontecimentos de nossa clínica que nos submetem ao desconforto da mais plena impotência diante do outro, por aquilo que ele nos solicita e pelo abandono que nos oferece em troca.

Fui procurado pela mãe de um garoto de dezesseis anos, porque ela estava preocupada com o filho, principalmente com sua tristeza. Conversamos bastante pelo telefone e fiquei sabendo que, dentre seus maiores temores, estava o consumo de drogas que o filho vinha fazendo. Ela havia encontrado maconha em suas coisas e, a partir daí, começou a insistir com ele para que buscasse ajuda. No final de nossa conversa, disse-lhe que gostaria de entrevistar seu filho e que, depois disso, voltaríamos a nos falar para que pudéssemos, se fosse o caso, definir as condições formais da análise.

Quando recebi Marcos para a entrevista, deparei-me com um menino assustado, tímido e de aparência frágil. Nossa conversa, apesar das dificuldades iniciais, foi progredindo e conseguimos estabelecer um bom contato, suficiente para tratarmos de alguns temas importantes.

Marcos contou-me que seu pai era uma pessoa muito rígida, que eles não conversavam muito e que a sua atividade profissional fazia com que precisasse viajar muito, ficando, com isso, mais ausente de casa. Sua queixa principal era sobre a rigidez do pai quanto aos horários de assistir televisão, já que este permitia que ele assistisse aos programas apenas depois das dezenove horas. O paciente disse que isso era um desrespeito ao seu ritmo e que, absolutamente, não fazia com que estudasse mais: só o deixava chateado e infeliz. Contou que o relacionamento com a mãe era mais tranquilo e que eles conversavam bastante, não sobre todos os assuntos, embora fosse com ela que ele tivesse mais intimidade.

Marcos me contou de alguns relacionamentos que tinha, basicamente na escola, mas foi ficando bastante claro que ele não possuía, de fato, nenhum amigo íntimo.

Outro tema importante, tratado por nós, foi sobre o uso da maconha. Ele me contou que fora reprovado no último ano letivo e que isso o deixara muito triste e infeliz, pois perdera o contato mais frequente com seus amigos, o que teria facilitado a experiência com a maconha. Revela então que, quando fuma, consegue, por breves momentos, aliviar-se da tristeza e do desconforto pessoal que sente com sua vida.

Marcos tem dois irmãos mais velhos, cuja adaptação à dinâmica familiar é, segundo palavras dele, mais tranquila, embora não consiga estabelecer com eles uma relação mais amistosa. Contou que os irmãos tinham interesses diferentes, compatíveis com suas idades — ambos são maiores de dezoito anos — mas que, todavia, tem uma boa convivência com eles.

Ao final da entrevista, nossa conversa parecia mais solta e Marcos mostrava-se mais à vontade. Disse-lhe que, em minha opinião, era justificável que ele começasse um processo de análise, pois era evidente o seu sofrimento, sua depressão e a sensação de falência de recursos que o atingia em alguns momentos de sua vida. Além disso, parecia-me que havia ficado claro, para ele, que a maconha estava lhe trazendo mais angústia do que promovendo alívio.

Perguntei, então, a Marcos se estava de acordo com o tratamento — se estava disposto a começá-lo — e ele mostrou-se interessado, ao mesmo tempo em que parecia satisfeito com a perspectiva de alívio que isso lhe traria.

A sequência do processo de entrevistas colocou-me diante da mãe para que pudéssemos falar sobre os aspectos formais do trabalho. Marcos e eu havíamos discutido a respeito dessa entrevista com sua mãe, e eu garanti a ele que manteria sigilo sobre as coisas que tínhamos conversado, atendo-me, apenas, a uma devolutiva mais genérica sobre as minhas impressões a respeito do nosso encontro, para que sua mãe pudesse sentir-se mais tranquila.

Definimos, então, os horários em que Marcos viria ao consultório e combinamos o dia em que o tratamento se iniciaria. No dia marcado, ele compareceu pontualmente e assumiu uma posição no divã, que era intermediária entre estar sentado e deitado. Sua postura revelava certa apreensão e ansiedade sobre como se comportar, o que expressou indagando-me se eu gostaria de fazer-lhe perguntas. Pedi-lhe que se lembrasse de que poderia falar sobre qualquer coisa que lhe ocorresse, como havíamos combinado e que, eventualmente, eu também lhe faria perguntas.

Marcos me contou que, no dia anterior, estava com vontade de comer massa e que, sem que ele tivesse falado nada, sua mãe fizera massa no jantar. Comentei que me parecia que ele, de fato, gostaria de poder ser entendido sem que precisasse falar, como acontece quando somos muito pequenos. Mas, por outro lado, isso impedia que ele se desenvolvesse.

Daí para frente existiram alguns momentos de silêncio, mas pudemos conversar sobre a família, a escola e os amigos, numa espécie de visão panorâmica. Ao terminar a sessão, despedimo-nos, e a minha impressão íntima era de que havia sido uma sessão relativamente parecida com tantos outros primeiros encontros analíticos com pacientes adolescentes. A única coisa que me chamava a atenção, de forma especial, é que eu havia sentido muito sono em alguns momentos e experimentado uma sensação de algo arrastado — pesado — no contato.

Um dia depois recebi um telefonema da mãe de Marcos dizendo que ele não voltaria mais e que não queria falar a respeito, nem com ela, nem comigo. Conversei um pouco com ela a respeito da minha surpresa e incompreensão diante do ocorrido, já que não havia percebido nada em meu encontro com Marcos que justificasse tal mal-estar da parte dele. Sugeri-lhe que mantivéssemos o horário do dia seguinte e que ela, por sua vez, tentasse convencer seu filho a comparecer à sessão, para que pudéssemos conversar sobre as dificuldades que ele estava experimentando.

No dia seguinte, ela me ligou dizendo que Marcos estava irredutível e que, para não chegar a uma situação de enfrentamento com ele, não queria forçá-lo para que viesse. Concordei e coloquei-me a disposição, caso ele mudasse de ideia.

Depois disso, fiquei remoendo a situação toda em minha mente, sentindo um profundo desconforto e, na verdade, percebendo que havia sido muito maltratado e desconsiderado. Perecebi, então, depois de longa e penosa reflexão, que precisava ser ouvido por Marcos e, já que não me permitiria isso diretamente, eu faria chegar a ele minhas palavras.

De alguma forma eu achava que, se me permitisse ficar impotente, como Marcos sentia que seu pai ficava diante das coisas, eu estaria fazendo mal a nós dois. Liguei, então, para a mãe dele e contei-lhe o que estava pensando. Pedi-lhe que dissesse a Marcos que eu havia ligado e pedido a ela que lhe transmitisse o seguinte: "Que eu não entendia porque ele não queria sequer conversar comigo, mas que achava importante que ele soubesse sobre as coisas que me fez pensar e sentir. Ele havia me procurado e conversamos sobre a ajuda que ele precisava para, então, decidirmos juntos começar um trabalho e que, por isso, o mínimo cuidado que ele me devia era permitir-me participar, também, de sua decisão de não levá-lo adiante. E que, por fim, eu gostaria de fazê-lo saber que eu me preocupava com o fato de que, depois da violência desse rompimento, ele achasse que tudo poderia ser simplesmente esquecido".

Repeti as ideias principais várias vezes, para que a mãe — uma mulher inteligente e perspicaz — fosse capaz de transmitir o essencial a ele. No final de nossa conversa, disse-lhe que, caso Marcos não concordasse em falar comigo, seria muito importante que ela o ajudasse a encontrar outra pessoa que pudesse atendê-lo, pois seria essencial, para ele, poder começar o mais rápido possível a lidar com suas dificuldades. Depois dessa conversa, pela qual a mãe se sentiu muito grata, não tive mais notícias de Marcos, a não ser os insistentes ecos da memória deste desencontro que, por isso mesmo, mobilizam-me a refletir sobre esse encontro transferencial, marcado pela impossibilidade.

Levantei algumas questões sobre o que teria acontecido entre nós e que se transformou em inviabilidade. Uma das coisas que me ocorreu foi procurar entender que efeito pode ter tido, para Marcos, a proposição do enquadre analítico. Acredito que aí resida alguns dos aspectos importantes ligados a sua deserção da análise.

Do pouco que pude conhecer de Marcos, uma de suas maiores dificuldades era lidar com a imposição de horários que o pai fazia, o que considerava algo sem sentido, tolhedor e, de alguma forma, revelador da impotência paterna. Teria havido, por conta disso, um importante impacto pela colocação de um enquadre que lhe propunha vir ao consultório duas vezes por semana, em horários determinados e ter quer falar sobre si?

Se for verdade, teria eu, por não haver compreendido isto, privado o paciente de um encontro menos marcado por definições e, portanto, menos claustrofóbico para ele? Seguindo este raciocínio, poderíamos pensar que, antes de lidar com seus conflitos de uma forma geral, esse paciente precisaria ter sido acolhido numa relação transferencial que lhe propiciasse recuperar ou desenvolver a confiança na criatividade do outro e na dele próprio.

Minha experiência transferencial com Marcos foi marcada, como já disse, por uma sensação de peso e muito sono, como se algo dentro dele estivesse imobilizado. Talvez seja neste sentido que a intimidade se revele a Marcos como algo tão difícil. Ele se relaciona com as pessoas, mas não estabelece intimidade profunda com ninguém, exceto, talvez, com sua mãe.

Fico pensando se não seria esse o sentido claustrofóbico contido no enquadre que lhe propus. Não teria sido esta a espécie de horror que, depois da primeira sessão, fez com que ele se afastasse?

Horror pela experiência de entrar em contato com sua própria interioridade, reconhecer-se diante de uma violência mortífera e defrontar-se com a impotência e a depressão que isso gera: pelo menos foi pensando desta forma que decidi mandar-lhe aquele recado, através de sua mãe. Queria que ele soubesse sobre o efeito da violência praticada e os sentimentos que ela me causou e, acima de tudo, que soubesse que continuei vivo e que me importei em transmitir-lhe minhas impressões de como tinha sido estar com ele.

Acredito que, se ficasse aprisionado na impotência em que ele me deixou, sem poder usar minha agressividade — a não ser contra mim mesmo —, teria perdido uma oportunidade de ajudá-lo. Embora não saiba o alcance que possa ter tido minha intervenção, quando reflito a respeito disso, sou levado a acreditar que ela, talvez, possa ter promovido nele alguma mobilização, que lhe tenha permitido levar adiante um projeto de análise com outra pessoa.

Outro aspecto interessante a ser considerado no presente caso é que talvez eu, enquanto pessoa real, tenha contado realmente muito pouco no desencadeamento transferencial. É provável que meu registro transferencial para o paciente tenha sido todo tomado pela formulação do enquadre enquanto desencadeador de uma vivência mortífera.

Busquei alcançá-lo, para que nossa experiência juntos pudesse, de alguma forma, ser significada e para que ele pudesse integrar, pelo menos, os limites principais desta vivência emocional, da qual tentava se livrar, fazendo de conta que ela não existiu.

Não sei, entretanto, se minha voz transmitida a ele, pela mãe, teve um efeito de realização promovida a partir de um corte simbólico em relação à sua onipotência, ou se, simplesmente, ecoou como uma fantasmagoria do além. Seja como for, eu pude me ouvir e entrar em contato com meus limites, questioná-los e desafiá-los, na medida em que não fiquei impotente para pensá-los.

Foi a primeira vez que fiz uma interpretação, se assim posso chamá-la, intermediada pela voz de um terceiro. Talvez o encontro com Marcos tenha tido força criativa suficiente para me impulsionar a não ficar aprisionado nos limites das noções psicanalíticas estabelecidas e, quem sabe, meu gesto tenha podido significar isto para ele!

De qualquer forma, o que penso ter enfatizado neste trabalho é que o processo analítico nos exige muito mais do que a mera interpretação do reprimido e que a possibilidade de integração teórica e técnica deste modo de pensar se daria a partir de uma visão metapsicológica, que permitisse compreender a posição transferencial do analista como suporte direto da premência pulsional ou, como costumo dizer, como objeto atual da pulsão.

4.

Oficina de cura: o Caso Jacques

As interrogações são infindas; as respostas, convincentes ainda, muito raras. Mas o inevitável tormento de tentar produzi-las, nos leva a escrever. Talvez para que alguém nos encontre no que dizemos e sentencie, piedosa ou cruelmente, sobre a nossa fragilidade nas lides de nosso ofício.

Introdução

Gostaria, agora, de apresentar um caso clínico que, por suas características especiais, permite que sejam explorados os aspectos técnicos mais diversos de uma análise: suas inúmeras dificuldades, seus impasses e as surpresas do incerto destino que partilhamos com nossos pacientes.

Penso que podemos descobrir aqui, com muita nitidez, a única justificativa que nos sustenta como analistas: o sofrimento que reconhecemos de nossos pacientes, ecoando com pavorosa intimidade em nós mesmos. É o desamparo que nos enreda na trama de uma análise; só a presença desta angústia pode sustentar tamanha entrega.

Trata-se de um apelo feito a um outro, colimado pelas lentes de um pretenso saber, que o situa onde ele sabe que, afinal, não pode estar. Mas sustenta-se aí o analista, e propõe ao paciente que se permita falar. É de sofrimento que ouvimos falar, às vezes, com o viés mais alienante e descabido, revelando-se, simplesmente, como tentativa de entregar-se aos ditames da palavra de um mestre qualquer.

São muito complexos e variados os acontecimentos com os quais deparamos no decorrer de uma análise; assim sendo, este trabalho pretende lançar um olhar a alguns elementos deste universo.

Talvez seja importante começar por discutir o que entendo por tratamento analítico. Chamo, assim, a toda situação de encontro, independentemente de seu formato ou enquadre, onde sejamos procurados para que ofereçamos a alguém, nossa escuta analítica.

Alguns pacientes têm questões bastante pontuais quando recorrem a uma consulta, e não estão disponíveis para o tipo de investimento pessoal que uma análise normalmente exige. Sempre considero importante tentar manter-me aberto ao tipo de disponibilidade circunstancial que mobilizou o paciente a procurar-me e sei, cada vez com maior clareza, que nem sempre é possível transformar a procura de ajuda do paciente em uma demanda específica de análise.

A intenção deste trabalho é lançar um olhar atento e reflexivo para os acontecimentos de uma experiência de análise específica e, extrair daí elementos para uma discussão a respeito desta atividade que defini como o espaço de uma *oficina de cura*.

Ao chamar assim o exercício da clínica, pretendo, exatamente, fazer referência a este contexto ampliado das possibilidades terapêuticas da intervenção de um analista em seu ofício de revelar a verdade do sujeito, nos limites e alcances de cada situação clínica.

Não seria inoportuno lembrar ao leitor que tomo, aqui, a ideia de cura na perspectiva psicanalítica que se traduz para mim na tentativa de fazer com que o paciente possa diminuir sua carga de sofrimento e dispor, com mais liberdade, de sua condição de ser desejante.

A procura de análise

Há alguns anos, Jacques me procurou no consultório, para começar sua análise, pois já há muito tempo vinha sofrendo com inúmeras dificuldades emocionais. Ele era, na época, um alto executivo de uma empresa multinacional, e seus sintomas eram de tal ordem, que vivia completamente estressado. Esta situação acabou por levá-lo a ter uma séria crise, com intensas dores no peito, o que exigiu um atendimento médico de urgência, num pronto-socorro.

Na ocasião, foi submetido a vários exames físicos, todavia, nenhum problema orgânico foi constatado. O médico responsável pelo caso atribuiu os acontecimentos clínicos relatados por Jacques ao estresse e recomendou-lhe que procurasse um psiquiatra, para uma avaliação clínica e um possível tratamento. À parte os sintomas que motivaram sua ida ao pronto-socorro, ele apresentava alguns outros não menos importantes, como: humor depressivo, falta de energia, dificuldades nos relacionamentos interpessoais etc. Para Jacques, no entanto, a maior parte das dificuldades que enfrentava era decorrente de seu medo intenso de gaguejar. Afirmava ser gago desde criança, tendo, inclusive, sido levado a um médico por seus pais para tratar do problema, sem conseguir, segundo ele, modificá-lo. Jacques usava, constantemente, a seguinte expressão, para se referir à angústia que experimentava frente à possibilidade de gaguejar: *"tenho medo de tropeçar nas palavras"*.

A psiquiatra que o atendeu, começou a tratá-lo com antidepressivos e ansiolíticos, aos quais ele reagiu de maneira satisfatória. Depois de estabilizada a situação mais crítica, ela lhe comunicou que suas questões pessoais precisariam de um outro espaço, onde pudessem ser acolhidas e elaboradas com um analista. Recomendou-lhe, então, que me procurasse para começar sua análise.

Quando chegou ao consultório, Jacques tinha 28 anos, era solteiro e tinha uma vida bastante confortável, do ponto de vista material, mas estava se sentindo profundamente infeliz com sua vida, de modo geral. Algumas características do paciente, unidas a mais alguns aspectos extremamente particulares de seu tratamento, impulsionaram-me a escrever sobre este caso, para refletir mais longamente sobre ele.

Jacques é estrangeiro e, em seu país de origem, a língua falada é o francês. Havia, também, vivido alguns anos, por motivo de trabalho, em um país de língua espanhola e, além disso, falava com fluência o inglês. O português era, então, a quarta língua falada por ele e, nela, ele conseguia um bom nível de comunicação, pois já estava vivendo em nosso país havia quase três anos.

Acho interessante salientar que eu já havia tido algumas experiências anteriores com pacientes estrangeiros, todos de língua hispânica, com a qual tenho uma razoável familiaridade. Em todo caso, estas situações são sempre diferentes e merecem uma reflexão especial, que nos permita avaliar que implicações esse fator traz para a análise.

Como disse há pouco, o paciente estava vivendo no Brasil havia algum tempo e tinha um bom domínio do português, através do qual sustentávamos nossa comunicação básica. Ocasionalmente, precisávamos recorrer ao espanhol ou, por vezes, ele o usava, sem disso se dar conta. Nestes momentos, quase sempre, encontrávamos uma forma criativa de seguir adiante. Ocorreram, também, algumas situações em que tivemos que recorrer ao inglês como língua neutra, uma espécie de recurso universal entre nós. Mais raramente, quando Jacques não conseguia uma forma de expressão que ele julgasse adequada, eu lhe pedia que dissesse a palavra ou expressão em francês, para que eu tentasse compreendê-lo. Nestas ocasiões, sempre achávamos um caminho interessante em suas associações; não me lembro de termos ficado imobilizados por esse motivo.

O relato que acabei de descrever propicia, sem dúvida, uma oportunidade bem interessante para uma abordagem mais aprofundada e reflexiva, em relação aos aspectos característicos de uma análise realizada fora da língua materna do paciente, e com os detalhes que tornam este caso tão diferente de minhas experiências analíticas mais comuns.

A *família*

Jacques vem de uma família composta pelos pais e uma irmã três anos mais velha. Ele descreve seu pai como um homem duro e distante, que alcançou significativo sucesso na vida profissional, mas que nunca pareceu realizado e feliz pelo que alcançou. A mãe de Jacques era professora primária e, ao contrário do pai, é muito positiva frente à vida e parece satisfeita com o que realizou. A irmã de Jacques é casada e tem um filho, de quem ele diz gostar bastante; todavia, a relação com a irmã tende a ser distante e formal, como costuma acontecer com todas as suas relações.

Nos dias atuais, Jacques diz que o pai tornou-se um homem bastante deprimido e submetido aos caprichos da mulher, que exerce sobre toda a família uma espécie de exigência tirânica de alegria constante.

Jacques descreve a mãe como falante ao extremo, o que me faz lembrar de sua dificuldade com a fala e seu medo de *tropeçar nas palavras*. Além disso, descreve-a como intrusiva e exigente. Recorda-se, com muita raiva, de episódios da infância, quando a mãe o obrigava, depois de muito insistir, a dizer que ele a amava mais que a seu pai. Nesses momentos, depois de ser satisfeita em seu pedido, ela o enchia de carícias e beijos e os dois tornavam-se cúmplices da exclusão paterna. Hoje, ao referir-se a estes momentos, sente que foi profundamente lesado no relacionamento com seu pai, por não ter conseguido se tornar amigo dele e por não ter podido desfrutar de seu carinho.

Fase inicial do tratamento

Jacques é um homem de boa aparência e bastante inteligente, mas muito tímido, e sua comunicação por vezes torna-se mais difícil, embora não se perceba nenhuma gagueira mais evidente. Aparece, sim, a intensa ansiedade pelo receio de gaguejar, principalmente diante de alguém que ele acredite ter alguma ascendência sobre ele.

Logo no começo de sua análise, ele me contou um sonho, na verdade uma espécie de pesadelo recorrente, durante o qual sentia muita angústia. Trata-se do seguinte: "Surge um trem enorme, marrom escuro, que lhe dá muito medo. Depois uma luz branca muito intensa e no meio dela vai surgindo uma flor".

Este sonho esteve presente em vários momentos no decorrer de toda a análise pois, segundo Jacques, ele vinha tendo o mesmo sonho desde que era muito pequeno e não se lembrava de que o mesmo tivesse passado por alguma alteração significativa. Quero, por enquanto, apenas apresentar este material para, mais tarde, poder retornar a ele e referir algumas elaborações.

Outro aspecto interessante de seu rol de queixas era o fato de sua relação com as mulheres ser marcada por uma constante desilusão, pois, tão logo conseguia conquistá-las e estabelecer uma forma qualquer de compromisso, desinteressava-se delas. Esta pode parecer, e de fato é, uma situação razoavelmente conhecida dentre as dificuldades masculinas para com relacionamentos sérios, mas existem, neste caso, alguns ingredientes que tornam a situação mais complexa.

Logo que chegou ao Brasil, ele conheceu uma moça com quem namorou durante um breve tempo, para logo romper com ela, pois achava que não correspondia aos padrões de beleza que ele procurava numa mulher. Jacques procurava por um ideal de beleza feminina que corresponderia a uma mulher alta, magra, muito bonita, de olhos claros, culta, inteligente, com personalidade forte, resolvida emocionalmente e independente.

Jacques relacionou-se com tal quantidade de mulheres, que só parece explicável pela dinâmica das situações que obedecem a alguma forma de compulsividade; todos esses relacionamentos tinham desfechos brevíssimos. Envolvia-se com estas moças, na maioria absoluta das vezes, por mera atração física. Eram raras as ocasiões nas quais havia algum lampejo de envolvimento romântico. Seus relacionamentos, curiosamente, nunca correspondiam a seu ideal de beleza e isso servia como justificativa para a impossibilidade de se apaixonar por elas. Quando acontecia de, eventualmente, encontrar alguém que, pelo menos à distância, parecesse corresponder ao seu almejado modelo, ele ficava completamente assustado e paralisado, tornando impossível qualquer tentativa de aproximação.

Meu paciente tinha duas lembranças que considerava muito significativas a respeito de sua capacidade de se apaixonar. Usava-as, constantemente, como exemplo e almejava reencontrar situação semelhante no futuro. No decorrer da análise, todavia, foi ficando claro que essas duas situações não passavam de idealizações de momentos passados. De fato, nenhuma delas representou um envolvimento emocional profundo e refletem o modelo de seus relacionamentos atuais. A primeira experiência, na adolescência, ocorreu num período de férias, quando se apaixonou por uma garota de outro país e ficaram juntos durante alguns dias. Depois disso, trocaram alguma correspondência e ele chegou a visitá-la, porém nada aconteceu, e o relacionamento encerrou-se por aí. A segunda situação ocorreu, quando ele se formou e estava para viajar para outro país, para fazer um aperfeiçoamento profissional. Estava se relacionando com uma moça que gostava muito dele, mas a recíproca não existia, pois não sentia nada por ela. Romperam o relacionamento e ele viajou para o exterior até que, em certa ocasião, ficou sabendo que a moça estava envolvida em um novo relacionamento. Desesperou-se e começou a escrever para ela, fazendo declarações que pretendiam colocá-la na posição da mulher de sua vida. Voltou para seu país durante suas férias e conseguiu reatar o relacionamento com ela só para, logo em seguida, dar-se conta de que não queria mais nada com ela.

Neste período da análise trabalhei muito com ele o fato de que, na verdade, nenhuma das duas situações podia, de fato, traduzir-se num relacionamento apaixonado, intenso e assumido entre um homem e uma mulher. Eu acreditava que, talvez, ele ainda não tivesse tido chance de experimentar isso como adulto. Um ponto a se notar é que, segundo ele, ambas as moças tinham características físicas correspondentes ao seu ideal de mulher.

Disse-lhe que sua mãe, segundo ele me contara, também correspondia ao tipo físico apreciado por ele e que me parecia que ela era a única mulher a quem ele dedicara um amor efetivamente constante e com nuances claramente idílicas. Não havia, nesta afirmação, nada de surpreendente para ele, mas eu achava importante relacionar diretamente seu fracasso atual com as mulheres à sua fidelidade amorosa à mãe. Isto funcionava como uma prisão afetiva de tal sorte que, em momentos de extrema angústia, Jacques costumava imaginar-se no colo de sua mãe, sendo acariciado e ouvindo dela toda sorte de elogios e afirmações positivas sobre suas capacidades.

Tudo leva a crer, seguindo este relato, que estamos diante de uma intensa *fixação* edípica à figura materna, mas gostaria de ir um pouco além e tentar explorar o que pode haver por trás desta aparente obviedade. O mais chamativo é justamente o fato de um homem adulto, de quase trinta anos, lançar mão de tal fantasia, sem nenhuma censura mais notável. Em todo caso, fora do contexto fantasioso, as coisas pareciam ter se modificado. Segundo Jacques, por volta dos dez ou onze anos de idade, ele começou a se afastar da mãe; sentia-se muito incomodado pela forma como ela o tratava: sempre o infantilizando, falando com ele de um jeito meloso e cobrindo-o de carícias e beijos.

Um fato interessante a ser observado é o de que, em suas relações adultas, os aspectos ligados à ternura, ao carinho e ao cuidado estão completamente ausentes, exceção feita ao utilitarismo momentâneo no início de seus relacionamentos, quando está empenhado na conquista das mulheres. Depois e ao fim, o que resta é interesse sexual que, rapidamente, se transformará em fastio.

Impossível não lembrar aqui dos clássicos textos freudianos dedicados ao que ele chamou de *Contribuições à psicologia do amor* e, especialmente, *Sobre a tendência universal à depreciação na esfera do amor*, escrito em 1912. Não para reduzir o caso a uma daquelas formulações, mas para lembrarmos, especificamente, a afirmação de Freud sobre a condição normal do amor, que ele afirma ser decorrente da liberdade psíquica para experimentar a união das correntes componentes do amar: a corrente afetiva e a sensual (p. 164).

Jacques, em todo caso, parecia padecer de tormentos emocionais com origem aquém da problemática do complexo de Édipo clássico, descrito por Freud com sua acabada triangularidade, ou, pelo menos, é o que parecia insinuar-se em suas queixas. Em muitos momentos, ele me dizia que tinha uma horrorosa sensação de não ser uma pessoa real e que sua vida parecia um jogo completamente sem sentido por trás de sua aparente adaptação às regras sociais.

Para seguir a referência cronológica, que penso ser importante, do relato sobre a relação de Jacques com as mulheres, poupando-nos, é claro, da redundância quantitativa do mesmo, gostaria de citar um relacionamento que trouxe algumas novidades para a monotonia dessas infrutíferas repetições.

Certa vez, Jacques estava retornando ao seu país para uma reunião de trabalho e para, em seguida, sair de férias. No caminho para o aeroporto, para onde estava sendo levado por um colega de trabalho, passaram por um carro dirigido por uma moça muito atraente, que estava sozinha. Observaram-na e Jacques disse, ao amigo, que havia gostado muito da moça; imediatamente, o amigo abriu o vidro do carro e declarou a ela a paixão instantânea de Jacques. Em seguida, pediu o número do telefone dela para que Jacques pudesse ligar, quando voltasse ao país. Funcionou!

Regressando ao Brasil, depois de ter conhecido uma outra moça durante a viagem e ter tido com ela uma relação-relâmpago que acabou, novamente, como mais um elo mnêmico de sua história de breves encontros, ele teve uma crise de choro no avião e ficou bastante assustado e deprimido. É importante acrescentar que Jacques vivia todas essas relações envolto num misto de esperança, ansiedade e desassossego e, ao se perceber diante de mais um fracasso, não raro experimentava uma condição emocional que envolvia muito desespero e depressão.

Chegando ao país, retomou suas sessões num estado de ânimo muito ruim; sentia-se como um fracassado, vivia uma condição de intenso desânimo e afirmava não ter esperança de conseguir mudar sua vida. Foi aos poucos se recuperando e, depois de aproximadamente um mês, resolveu ligar para a moça que encontrara no caminho do aeroporto. Tiveram uma boa conversa pelo telefone e resolveram se encontrar para conhecerem-se melhor.

Descobriu que a moça era quase dez anos mais nova que ele, que ainda estava na faculdade e vivia na casa dos pais, ou seja, um tipo bem diferente de seu modelo de pretensões. Apesar disso, ele ficou interessado por ela e saíram juntos algumas vezes. Ele dizia gostar das conversas e do clima que se estabelecia entre eles, mas, curiosamente, nada acontecia com relação à aproximação física. Com o passar do tempo, ele foi ficando muito angustiado com as limitações que ela impunha ao relacionamento, pois ele precisava de mais intimidade e ela o afastava, preferindo os programas com sua turma de amigos.

Durante o tempo que durou esta relação, Jacques parecia mesmo interessado em namorá-la e construir um projeto a dois que fosse mais duradouro. Sofria muito com a inconstância dela e com seus encontros cada vez mais raros. Embora pudéssemos, mais uma vez, valermos-nos do raciocínio segundo o qual o interesse dele só se sustenta diante da impossibilidade, é importante reconhecer que, desta vez, havia algo de diferente.

Afinal, tratava-se de uma mulher disponível e com quem ele manteve conversas interessantes, íntimas, com trocas de carícias e, principalmente, era alguém a quem ele respeitava como pessoa.

Quando as possibilidades do relacionamento se esgotaram, Jacques ficou com um registro dessa experiência bastante diferente de todas as outras, o que promoveu uma mudança bem interessante em suas perspectivas quanto ao futuro. Timidamente começou a acalentar a esperança de que, afinal, talvez ele fosse capaz de amar, e poderia, então, almejar uma vida a dois. Afastaram-se definitivamente, mas o nome dela continuou a ser pronunciado como um marco de referência de sua experiência emocional e a imagem dela habitava o mundo de seus sonhos como um registro indelével em sua memória.

Segunda fase do tratamento

Gostaria de referir-me às circunstâncias que marcaram a passagem para o que estou chamando de segunda fase do tratamento, mas, ao mesmo tempo, precisarei expor alguns elementos históricos para aprofundar a compreensão desta transformação.

Durante todo o tratamento, com diferentes tintas, sempre esteve presente o tema da homossexualidade, no relato de Jacques. O primeiro elemento histórico que gostaria de resgatar ocorreu quando ele tinha mais ou menos doze anos. Tinha ido à cidade com sua mãe para fazer algumas compras e, segundo se lembra, sua irmã também estava com eles.

Enquanto sua mãe estava numa loja, ele saiu sozinho para ver outras coisas de seu interesse. Estava parado, olhando uma vitrine, quando um homem chegou ao seu lado e começou a conversar com ele, de maneira gentil e interessada. Passado algum tempo, acabou convidando-o para irem juntos a um café próximo dali para tomarem um refrigerante ou coisa do gênero. Jacques ficou muito aflito e disse que não poderia sair dali, porque sua mãe viria pegá-lo. Quando mais tarde relatou o ocorrido para sua família, sua irmã ria muito e dizia que o homem era um tarado que queria molestá-lo.

O outro episódio significativo ocorreu, quando ele tinha entre quatorze e quinze anos. Foi numa excursão da escola a um país estrangeiro, quando ficaram acomodados vários meninos, num mesmo dormitório. Havia um amigo mais próximo com quem, de vez em quando, travava embates corporais que são comuns, como jogos, entre rapazes desta faixa etária. Eles ficavam constantemente juntos e tinham um bom relacionamento.

Isto durou até que outros colegas de Jacques começaram a comentar com ele que seu amigo era homossexual e que estava apaixonado por ele. Jacques entrou em pânico, começou a passar mal e, daí por diante, afastou-se definitivamente do rapaz.

Em distintos momentos da análise, estes episódios foram contados mas, aparentemente, sem despertar nenhuma reação mais forte, até que um determinado acontecimento precipitou uma grande mudança na vida mental de Jacques. A análise já estava quase no final do terceiro ano e meu paciente havia retornado de férias. Tinha saído numa viagem pelo Brasil, acompanhado de dois amigos de sua terra natal.

Jacques relatou os acontecimentos das férias com seu jeito habitual, um queixume interminável, resultado de uma constante insatisfação com todas as oportunidades que a vida lhe oferecia. Jamais pude constatar nele uma vivência emocional de intensa alegria e satisfação; as intensidades só apareciam em direção ao polo depressivo de suas emoções.

Desta vez, além deste tônus depressivo básico, havia uma queixa um tanto diferente. Ele reclamava que, durante a viagem, um de seus amigos o tocava constantemente, punha a mão em seu ombro e, ocasionalmente, queria abraçá-lo. O incômodo descrito por ele parecia enorme e tudo parecia destinado a seguir o curso de suas monótonas repetições queixosas. Foi quando eu lhe disse que ele parecia estar, de fato, tomado por uma vivência de pânico, um pânico desencadeado diante do que parecia ser sentido por ele como um ataque homossexual.

Jacques mostrou-se visivelmente atingido por minhas palavras e, imediatamente, associou o ocorrido com a lembrança do episódio acontecido durante a viagem com seu amigo de escola, que depois reconhecera como homossexual. Foi a primeira vez que a recordação deste acontecimento surgiu na análise com uma intensa carga emocional que o fazia parecer um garotinho fragilizado.

Enquanto seguia suas associações, fui me dando conta de que elas haviam, de certa forma, ficado paralisadas na cronologia do episódio que ele associou. Chamava-me a atenção o total esquecimento da ocorrência anterior, aos doze anos, com o homem que tentou seduzi-lo.

Resolvi, então, dizer-lhe que ele parecia haver se esquecido de uma outra história que havia me contado, que envolvia também a questão homossexual. Jacques permaneceu por algum tempo num estado que me parecia ser de perplexidade; de repente, falou com a voz carregada de emoção que achava incrível ter se esquecido daquele acontecimento. Neste momento, algo se passou com ele que transformou profunda e definitivamente sua análise.

Jacques começou a chorar copiosamente, como eu jamais vira um homem chorar, virou-se de lado e abraçou-se às pernas encolhidas na altura do peito; permaneceu neste estado por cerca de vinte minutos. É importante registrar que, até esse momento, ele nunca havia chorado com tanta emoção, nem havíamos experimentado antes tamanha proximidade. Este foi, de fato, um momento de profunda transformação de sua análise; até mesmo diria ter sido este o momento de sua entrada em análise. Mais tarde, ele próprio diria que esse foi o verdadeiro início de sua análise.

Até este ponto, sua frequência de análise era de três sessões por semana; depois desta ocorrência, ele me pediu a quarta sessão. E Jacques as aproveitava com muita avidez: nunca faltava ou chegava atrasado, a não ser, é claro, por motivos fora de seu controle. Quando tinha que fazer uma viagem, por exemplo, pedia-me que repuséssemos a sessão perdida.

Embora seja fácil perceber que a mudança ocorrida na análise foi muito grande, acho muito importante poder observar que o primeiro período da mesma nos permitiu alcançar os recursos necessários para as vivências que viriam depois. A pessoa com quem me encontrei no início do tratamento era alguém com um *eu* tão frágil, que jamais suportaria, naquele momento, encarar-se da forma como agora o fazia.

Gostaria de relatar alguns fatos que se seguiram, destacando aqueles que me pareceram mais significativos para a compreensão da dinâmica psíquica de meu paciente. Alguns deles, é verdade, já tinham sido narrados pelo paciente anteriormente, mas nunca alcançaram a repercussão emocional que agora atingiam.

A lembrança mais significativa de Jacques parece ter ocorrido entre três e quatro anos de idade. A família dele, especialmente o pai, gostava de cães, e eles sempre tiveram esses animais em casa. O pai, aliás, empregava os cães em seu esporte favorito, a caça. Certa vez, havia uma ninhada de recém-nascidos, com os quais Jacques gostava muito de brincar, até que um dia, um dos filhotes morreu. O pai de meu paciente culpou-o pelo ocorrido, dizendo que ele teria apertado ou mesmo derrubado o filhote. Jacques me contou que se sentiu profundamente triste pelo ocorrido e, ao mesmo tempo, injustiçado pelas acusações que o pai lhe fazia.

Outro aspecto muito importante deste acontecimento foi o comportamento que sua mãe teve diante do fato. Ela disse ao marido que não levasse tão a sério aquela situação, pois era mesmo provável que Jacques tivesse tido culpa pela morte do cachorrinho, mas que ele não deveria se aborrecer tanto com aquilo, afinal Jacques era apenas uma criança. Jacques ficou muito chocado com a postura da mãe, sentindo-se ainda mais injustiçado e, de alguma forma, traído por ela, que até então parecia estar sempre, integralmente, do seu lado.

Como nesta ocasião sua irmã estivera o tempo todo junto dele, o pai resolveu que ela também deveria ser castigada. Ambos foram colocados no porão com a luz apagada e Jacques ficou apavorado, pois acreditava que havia ali algum tipo de monstro que o pegaria. Sentia um medo horrível e, mesmo que a irmã tentasse acalmá-lo, dizendo-lhe que tudo terminaria bem, ele não conseguia se tranquilizar.

O paciente comentou comigo que ele acreditava que a cena toda não tivesse durado mais que alguns poucos minutos, pois se lembrava da porta se abrindo e de sua irmã sorrindo e dizendo que, como ela lhe havia dito, tudo terminou bem. Quando me falava sobre esta lembrança, ele chorava muito e revelava toda dor e frustração que sentia pela punição imposta pelos pais, que ele considerava injusta e desproporcional, para uma criança de tão pouca idade.

Ainda ligado a esse episódio, havia outro detalhe significativo, com repercussões em sua vida adulta: o porão era usado como um depósito de todo tipo de ferramentas, desde um cortador de grama até ancinho, pá, picareta e uma infinidade de pequenas chaves de vários tipos. Conto este detalhe porque, na vida adulta, um dos medos mais ativos na vida mental de

Jacques é o de que coisas pontudas firam seus olhos. O medo se estende, inclusive, para objetos como televisores pendurados em suportes de parede, quinas de mesa e aparelhos de ginástica da sala de musculação, e outros do mesmo gênero.

Na ocasião deste relato, eu disse a Jacques que a cena que ele narrava me trazia à memória o seu sonho de infância. Imediatamente, ele me perguntou se eu estava querendo dizer que seu pai era o trem. Esperou por minha resposta que não veio e, em seguida, disse que a luz também fazia sentido. Sentido?, perguntei-lhe. E ele disse que a luz que invadiu o porão parecia a do sonho, mas nesta sessão não conseguiu ir adiante.

Resta, ainda, relatar uma outra recordação do paciente, que aconteceu um pouco mais tarde, quando tinha entre cinco e seis anos e estava viajando com a família, num período de férias. Seus pais tinham uma propriedade no campo.

Lembrava-se de estar brincando com sua irmã e uma prima, nos arredores de sua casa. Jacques me contou que as cercas entre as casas eram muito baixas, mais decorativas que qualquer outra coisa, e que, às vezes, nem mesmo havia cerca, de forma que eles passavam de uma propriedade para outra, enquanto brincavam de correr e se esconder. De repente, durante a brincadeira, ele se deu conta de estar sozinho e começou a procurar pelas companheiras; depois de algum tempo, começou a se desesperar por não encontrar nem sua casa nem as meninas. Continuou a andar a esmo, chorando muito e chamando pelos pais, pois estava extremamente angustiado diante da ameaça que sentia de não vê-los nunca mais. Finalmente é encontrado por um casal da vizinhança que o leva para a casa deles, onde o acalmam e lhe dão bolachas e suco. Mais tranquilo, ele consegue dizer o nome de seus pais, que o casal facilmente localizou. A recordação termina com a chegada dos pais e ele se atirando nos braços de sua mãe.

Terceira fase do tratamento

É importante comentar que a divisão em fases que optei por utilizar na apresentação do caso cria, às vezes, algumas dificuldades para delinear, com certa precisão, os limites de cada uma delas, mas penso que talvez seja importante tentar dar conta desta tarefa, para melhor aproveitar o material clínico daí advindo.

Jacques sempre se queixou muito do estresse que sentia na execução de suas tarefas na empresa. Toda vez que precisava enfrentar uma reunião com a direção da empresa sofria muito pensando que iria gaguejar e não conseguiria exprimir-se adequadamente, e temia que todos percebessem e zombassem dele. Era tudo um verdadeiro suplício: comandar pessoas, gerenciar situações de conflito, fazer qualquer preleção, tudo o deixava perturbado ao extremo.

Com o passar do tempo foi se acentuando, cada vez mais, a convicção do paciente de que não queria e não suportaria continuar realizando o tipo de trabalho que fizera até então. É bom que se ressalte que apesar de toda dificuldade expressada por ele, Jacques era um excelente executivo, jamais tendo comprometido sua função, pela atormentação que vivia em seu mundo interno. Seja como for, chegou o dia em que resolveu que deixaria a empresa; e foi o que fez.

Tomada a decisão e concluídos os primeiros trâmites do processo de desligamento, ele precisou fazer uma viagem ao seu país, onde, segundo seus cálculos iniciais, deveria permanecer por cerca de dois meses e meio para resolver todas as pendências e retornar ao Brasil, na condição de desempregado.

Quando estava prestes a viajar e, portanto, de interromper a análise, falei-lhe sobre a possibilidade de me ligar, caso sentisse necessidade. Jacques ficou bastante espantado com a proposta, mas, ao mesmo tempo, parecia estar satisfeito com a ideia, ainda que afirmasse não acreditar que pudesse dar certo.

Jacques viajou no início de fevereiro e, durante este mês, ligou-me, deixando um recado na secretária eletrônica, contando que estava muito atarefado e fazendo várias reuniões para providenciar seu desligamento da empresa. Contou-me depois que, durante estas negociações, ofereceram-lhe algumas alternativas para continuar na empresa, como escolha de outro país ou mesmo retorno ao seu país, com a possibilidade de promoção.

No começo de março telefonou novamente, e contou que deveria voltar para o Brasil no início do mês seguinte, se tudo corresse como o esperado. No final de março ele ligou, parecendo muito aflito e angustiado, querendo marcar um horário, pois queria ter uma sessão. Combinamos, então, um horário e eu disse que estaria aguardando o telefonema dele.

DESAFIOS PARA A TÉCNICA PSICANALÍTICA   103

No dia e horário combinados ele ligou, com pontualidade. Estava confuso e muito preocupado, pois o amigo em cuja casa estava hospedado havia tentado suicídio tomando os remédios de Jacques. Esse amigo é o mesmo que citei a respeito das férias no Brasil e que, de certa forma, fez eclodir a questão homosse-xual de forma mais consciente para Jacques.

A relação deste amigo com meu paciente era muito intensa e passional, revelando, por parte do amigo, a clara assunção de uma posição subjetiva homoerótica. Jacques dizia que o amigo exigia dele uma disponibilidade total, o que ele interpretava como sendo fruto de seu estado de desequilíbrio, recusando-se a reconhecer os elementos de sedução homossexual nas cenas que relatava. Havia um estado de dependência completa por parte do amigo; à noite, acordava chorando e pedia que Jacques segurasse sua mão e ficasse próximo dele e, às vezes, queria ser abraçado.

Percebendo a aflição de meu paciente, sugeri a ele que en-volvesse imediatamente os pais do amigo na questão, pois, até então, eles não haviam sido avisados do estado do filho e ele estava isolado, na posição de responsável pelos acontecimentos. Sugeri, ainda, que procurassem o mais rápido possível ajuda profissional para o caso e aconselhei que o rapaz ficasse com os pais por um tempo. Todas estas providências foram tomadas e o rapaz começou a melhorar.

Curiosamente, apesar de toda preocupação, durante os mo-mentos que se seguiram, Jacques me dizia que estava vivendo uma estranha tranquilidade. Já em outras ocasiões, durante a análise, havia relatado fenômenos deste tipo. Momentos em que enfrentava situações de real estresse emocional e, paradoxalmente, sentia-se calmo interiormente. Relacionei isto a outros episódios de doença física que também promoviam um efeito tranquilizador na vida mental de Jacques.

A partir deste acontecimento com o amigo, Jacques passou a fazer sessões regulares pelo telefone; ligava-me duas vezes por semana, nos horários por nós definidos. Passado algum tempo, ele me contou que fora jantar na casa de uns tios com o amigo e que, lá, encontrou com seus pais. Diz ter ficado mal, pois achou seu pai extremamente deprimido e sua mãe, como sempre, em "estado de felicidade constante", falando muito, dominando a cena o tempo todo. Sentiu-se muito angustiado por se perceber tão infantilizado diante dos pais.

Jacques me contou um sonho que tivera à noite, depois deste jantar: estava num lugar grande, uma espécie de galpão, fazendo algo que parecia ser uma pintura, quando entraram várias pessoas e pediram para que ele saísse dali para que elas pudessem trabalhar. Na sequência do sonho, ele entra em outra sala e vê uma fila de homens que, aparentemente, aguardavam para fazer sexo com um sujeito que tinha um pênis enorme.

O sonho foi contado no final da sessão, mas achei importante fazer uma breve intervenção. Disse-lhe que os acontecimentos do sonho me lembravam do que ele havia dito sobre o encontro com sua mãe; por um lado, sentia-se desalojado de sua posição de adulto e, por outro, ficava humilhado pelo tamanho do *pênis humor inabalável* de sua mãe.

Jacques lembrou-se de que, no dia seguinte ao jantar, seu amigo havia comentado com ele que achara sua mãe uma pessoa muito violenta no seu jeito de ser. Que as falas dela para com a tia do paciente eram sempre provocativas e desdenhosas. O amigo sugeriu a ele que fosse mais incisivo com a mãe e dissesse a ela tudo o que pensava, pois acreditava que isso pudesse ajudar a Jacques e a seu pai.

A proposta o deixou muito ressabiado, mas ele sentia que havia um sentido importante na avaliação que seu amigo havia feito sobre o comportamento da mãe.

Outro assunto importante deste momento da análise foi o fato de seu amigo, que é diretor de teatro amador, tê-lo convidado para atuar na peça que estava dirigindo. Jacques relutou bastante mas, ao mesmo tempo, parecia fascinado pela ideia. Durante nossas conversas deixei claro que esta parecia ser uma oportunidade muito interessante para ele e que deveria ser aproveitada.

Pouco depois, Jacques vai jantar sozinho na casa dos pais, onde ele diz ter chegado tranquilo e sem nenhum assunto específico em mente. Encontrou sua mãe sozinha, pois seu pai ainda não havia chegado, e começaram a conversar. De repente, começou a falar para a mãe que a achava muito egoísta e que ela só pensava em si mesma; acusou-a ainda de ter impedido, com seu jeito dominador, que ele e seu pai se tornassem amigos. Contou-me que a mãe chorou muito durante a conversa e que isso, de alguma forma, foi bom para ele.

Quando o pai voltou para casa, juntou-se a eles. Seguindo a conversa, em alguns momentos, dava razão ao filho de forma discreta. Jacques queixou-se, todavia, de que quando o pai foi levá-lo embora, e os dois ficaram sozinhos, o pai, apesar de ter mantido certo apoio a suas argumentações, comentou que o achou um pouco brusco em suas colocações. Jacques lamentou-se ainda que seu pai não o tivesse abraçado, já que esta havia sido uma de suas queixas, durante a conversa. Essa, aliás, era uma questão sempre presente nas sessões dele, quando o assunto era o pai; queixava-se de que o pai não o abraçava e que sentia muita falta disso.

Jacques decidiu, afinal, que participaria da peça antes de voltar ao Brasil e começou a ensaiar com mais afinco. Contou-me que, no último ensaio geral antes da apresentação para o público, passou por uma experiência muito interessante. No meio de uma de suas falas, ele se deu conta de uma sensação muito boa a respeito da potência de sua voz, percebia que estava encarnando o personagem e sentindo-se livre e bastante expressivo, soltando a voz e percebendo a força dela ao ecoar pelo teatro vazio.

O dia da apresentação, finalmente, chegou. Jacques estava muito tenso, pois fazia o personagem principal da peça e tinha muitas falas, desde a primeira cena até a última do espetáculo.

Quando me ligou para fazer sua sessão, a impressão inicial que ele me causou fazia-me supor que alguma coisa de ruim houvesse acontecido. No entanto, a sequência de seu relato não condizia com esta impressão, pelo menos quanto ao conteúdo.

Aliás, bem ao contrário, ele me contou que a peça havia sido um sucesso e que ele se saíra muito bem em sua interpretação. Todavia, é importante destacar, que não havia alegria na voz de Jacques; alguma satisfação podia ser detectada, mas sua reação emocional não apresentava nenhuma vivacidade.

Contou-me que, depois de terminado o espetáculo, os pais vieram até o camarim para cumprimentá-lo e havia lágrimas nos olhos deles; estavam emocionados e orgulhosos pelo trabalho do filho. Seu pai o abraçou e beijou. Jacques apenas retribuiu, de maneira automática e um tanto formal, segundo ele. Isto é bastante curioso, se nos lembrarmos de quão desesperadamente Jacques dizia ansiar pelo momento em que seu pai o acolhesse nos braços de forma carinhosa e confessasse o seu orgulho por ele. O que podemos concluir é que, quando a cena de sua fantasia se realizou, ela se tornou totalmente esvaziada de emoção.

Sua irmã e seu cunhado também vieram cumprimentá-lo, e a irmã disse-lhe que, poucos minutos depois de começado o espetáculo, sua sensação era a de que não era mais seu irmão que estava diante dela, tal a força de suas expressões e a intensidade de sua voz. Esta, sem dúvida, é outra questão muito significativa para meu paciente, pois o localiza num lugar bem distante de sua referência habitual com seu eterno medo de gaguejar.

No dia seguinte ao espetáculo, ele e o amigo diretor da peça foram para a casa de campo dos seus pais, para passar o final de semana. Jacques se sentia deprimido e ansioso, querendo a todo custo livrar-se daquela situação.

Neste dia, dois eventos interessantes ocorreram. Após o almoço, ele, seu pai e o amigo saíram para caminhar pela propriedade e, durante o passeio, novamente, seu pai demonstrou carinho e orgulho pelo filho. À noite, assistiram juntos a uma partida de futebol pela televisão, e quando o jogo terminou, Jacques estava muito suado; o amigo aproximou-se dele e sugeriu-lhe que trocasse de camisa. Isto disparou nele uma violenta reação e, aos gritos, disse ao amigo que parasse de tratá-lo como criança. No dia seguinte, ele e o amigo voltaram para a cidade, ainda discutindo muito sobre o ocorrido.

Durante a narrativa desses acontecimentos fiz alguns comentários, que acho importante assinalar. O primeiro, ainda no início da sessão, foi uma pergunta sobre onde estava sua alegria. Ele respondeu que não sentiu alegria, mas que tinha experimentado satisfação pelo esforço realizado e pelo resultado alcançado.

Chamei, então, sua atenção para o fato de que ele havia alcançado algumas coisas que sempre me garantiu almejar e que elas, agora, pareciam não ter sentido especial algum para ele. Ele concordou e, novamente, tive a desagradável sensação de estar tendo uma conversa vazia com ele.

Disse-lhe, então, que tinha me dado conta de algo muito importante: percebi que ele tem sido um personagem de si mesmo, durante a vida toda. Ele encenava seu papel de insatisfeito e acusador de todos e isso resultava, para ele, num terrível empobrecimento de todas as suas conquistas, a ponto de banalizá-las totalmente.

Na sessão seguinte, ele contou que não sabia como agir, pois seu pai convidou, a ele e ao amigo, para passarem uns dias no campo. Disse-me que não sabia se iria, porque não suportava ficar com sua mãe, pois ela queria tocá-lo o tempo todo e tem aquele jeito de falar com ele, como se fosse criança.

Recordei a ele que estas eram queixas parecidas com as que tinha a respeito do amigo e que ocasionaram a última briga entre eles. Jacques ficou muito agitado, gaguejando um pouco, e disse que não era do amigo que queria receber carinho e atenção, e sim do pai. Disse a ele que o carinho do pai também não havia resolvido e que talvez isto tivesse relação com suas preocupações com a questão da homossexualidade. Perguntei-lhe se ele se dava conta de que, afinal de contas, nos últimos dois meses, ele e o amigo estavam vivendo uma dinâmica de casal. Respondeu-me que sim e que não é isso o que queria para sua vida.

Encerrei a sessão dizendo-lhe que, de fato, ele não tem podido receber nada de ninguém que pudesse transformar em prazer e alegria e que, talvez, isso tivesse a ver com o papel de infeliz espoliado pela vida, do qual havíamos falado na última sessão.

Outro momento da análise de Jacques, que gostaria de destacar, ocorreu um pouco antes de sua volta para o Brasil e nos permitiu recuperar alguns elementos de sua história que me pareceram relevantes e que marcaram sua análise.

Jacques me ligou para sua sessão com um pouco de atraso, coisa pouco habitual em sua análise; dizia-se atrapalhado com os preparativos para sua volta para o Brasil, que deveria ocorrer dentro de dois dias. Começou a queixar-se de que estava muito mal, preocupado com sua saúde e achando que não ia mais conseguir trabalhar.

Contou-me então que, no final de semana, fora ao casamento de uma amiga no interior do país e que levara consigo seu amigo, pois se sentia muito constrangido porque não conhecia ninguém no casamento, além dos noivos. Durante o almoço teve que sentar-se à mesa com várias pessoas e tinha a sensação de que iria morrer de tanto estresse. Sentia dores no peito, suava muito e tinha muito desconforto físico. Dizia ter se sentido como uma criança diante de adultos e que se percebia como uma grande farsa.

Queixou-se de que havia imaginado que, com a análise, ele fosse conseguir melhorar e se libertar dessas aflições, mas que parecia estar cada vez pior. Tinha medo de gaguejar, de "tropeçar nas palavras"; não aguentava mais sofrer e sentir-se sem perspectivas.

Disse a ele que sua forma de me contar sobre os acontecimentos do casamento me fazia lembrar de uma cena de sua infância, que relatara no início de sua análise. Quero aqui fazer um aparte para poder referir o fato de que alguns de seus relatos do primeiro período de sua análise pareciam estar imersos numa névoa, que provocava o amortecimento de suas respostas afetivas. Eram relatos que eu ouvia, mas que pareciam alheios a qualquer movimento transferencial. Por isso mesmo, no momento em que Jacques se queixava de mim e da

Desafios para a Técnica Psicanalítica

ineficiência da análise, pareceu-me oportuna a lembrança que tive e resolvi observar o que adviria.

Jacques recordou-se, imediatamente, da cena de sua infância que evoquei. Tratava-se de uma lembrança de um fato ocorrido por volta de seus sete anos de idade, quando foi, com sua mãe, a uma festa dos professores no colégio em que ela lecionava. Num determinado momento da festa, ele não conseguia suportar mais a sensação de opressão que sentia diante das pessoas. Percebia-as mais velhas, mais altas e sentia-se muito deslocado e envergonhado, o que o levou a sair dali, correndo sem dar explicações à sua mãe.

Comentei com ele que este acontecimento me parecia meio estranho, sem consistência, como que encerrado nele mesmo. Que talvez houvesse alguma história anterior a ser contada. Jacques relaciona, então, este acontecimento a outro ocorrido entre os quatro e cinco anos. E falava agora com mais energia e vivacidade!

Contou-me ter sido uma criança falante e agitada, que costumava cantar para as visitas que seus pais recebiam em casa e que se sentia bem com isso. Certa ocasião, quando os pais recebiam um casal amigo para o almoço, depois de terminada a refeição, pediram-lhe que cantasse uma música. De repente, ele começou a se sentir muito mal e saiu correndo para o seu quarto. Lembrava-se de que a amiga de seus pais subiu até seu quarto, tentou acalmá-lo e pediu que ele voltasse para a sala. Jacques lembra-se de ter voltado e ido para o colo do pai, onde se sentiu seguro e conseguiu cantar para as pessoas.

Relacionei estas lembranças à sua percepção de que, de fato, tentar ocupar o lugar de seu pai era um ônus muito pesado e, ao mesmo tempo, revelador de sua pequenez.

Nesta época de sua vida não havia ainda preocupação com a gagueira, que só foi aparecer por volta dos dez anos. O que poderia ter determinado esta mudança de perspectiva não fica claro, mas parece que o incremento das relações sociais participou, de forma significativa, na modificação. Gaguejar parecia ter o poder de aproximá-lo e, paradoxalmente, protegê-lo da relação incestuosa com a mãe. Uma espécie de jogo aprisionante, mas cheio de excitação.

Quarta fase do tratamento

Jacques regressou ao Brasil; sentia-se perdido com relação ao futuro. O tema da morte se fazia muito presente neste momento. Esta é uma questão interessante pois, por um lado trazia, para ele, todo peso de perceber-se diante de algo que o assustava, principalmente pela sensação de desperdício experimentada diante de sua vida. Por outro lado, este tema conseguiu despertar em Jacques um forte desejo de fazer coisas significativas que pudessem mudar, radicalmente, sua existência.

Passou a trazer, com mais insistência, questões ligadas a Deus e à religião, sobre as quais tivera oportunidade de conversar com seu amigo, enquanto estivera em seu país. Dizia, entretanto, que seu amigo o irritava, pois se comportava de forma fanática sobre a religião e era muito insistente para fazer prevalecer seus pontos de vista.

Disse-lhe, nesta ocasião, que ele parecia estar querendo discutir religião, mas que, de fato, eu acreditava que quisesse mesmo falar sobre sua descoberta a respeito da possibilidade de guardar coisas boas dentro de si, coisas nas quais pudesse acreditar e pelas quais gostaria de lutar. Em outras palavras, poder confiar e ter esperança no futuro. Lembrei-o dos últimos encontros que tivera com seu pai, com quem ele parecia estar, finalmente, estabelecendo uma relação de confiança e respeito mútuos.

A sequência das sessões trouxe um Jacques bem diferente de tudo quanto antes ele mostrara-se capaz de ser. Estava se sentindo leve e feliz com a vida aqui no Brasil e dizia-se impressionado com a beleza das coisas, que antes ignorava por completo. Ao mesmo tempo, havia nele certa tensão, ou, como ele preferia dizer, certo estresse, porque tinha receio de que estivesse patologicamente excitado e que tudo pudesse voltar a ser como antes.

Fiquei em silêncio e, depois de algum tempo, ele disse que queria me contar um sonho. Jacques, na verdade, tinha uma maneira própria de referir-se aos sonhos. Dizia: "esta noite eu fiz um sonho". Conta-me, então, o seguinte: "eu estava segurando um filhote de leão; era uma fêmea. Sentia muito carinho por ela, estava feliz, mas, ao mesmo tempo, sabia que poderia ser mordido, atacado".

Perguntei se ele havia feito alguma associação ao conteúdo do sonho que acabara de contar; ele respondeu que nada lhe ocorrera. Disse-lhe que o sonho que contara parecia lembrar algo muito próximo ao que ele havia me dito sobre seus sentimentos atuais com relação à vida.

Jacques ficou em silêncio e, depois de algum tempo, disse haver-se lembrado de que, no dia anterior, saíra com dois amigos que não encontrava desde que pedira demissão da empresa em que trabalhavam juntos. Disse ter contado a eles tudo o que viveu na viagem, especialmente sobre a peça que representou. Seus amigos lhe pediram que dissesse alguns trechos da peça. Jacques, depois de relutar um pouco, decidiu fazê-lo. Repetiu algumas de suas falas com ênfase interpretativa, sentindo que sua voz saía forte e firme, como ocorrera no dia do espetáculo.

Neste momento, digo-lhe que ele agora tinha boas memórias dentro dele, coisas boas em que podia acreditar e confiar e que lhe permitiam construir experiências novas. Lembrei-o da sessão anterior, quando falamos sobre confiança e esperança. Ele parecia, realmente, estar vivendo um momento especial.

Curiosamente, depois de ter passado uma semana inegavelmente diferente quanto à tranquilidade e à disposição alegre que experimentara, chegou para sua sessão queixando-se de tudo e dizendo-se mal. Contou que fora ao cinema com a moça com quem estava saindo e que se identificara com o personagem central do filme, pois este havia passado por vários problemas com os pais na infância. Sentiu-se mal e achou que teria um ataque cardíaco, o que o obrigou a sair do cinema, antes do filme terminar.

Jacques me disse que precisara tomar remédio para se acalmar, especialmente depois que seus pais ligaram e de ter ficado muito irritado com sua mãe. Estava frustrado, porque já fazia três semanas que não sentia necessidade do remédio. Neste momento, começa a questionar de forma muito intensa a limitação de sua análise, pelo fato de não poder expressar-se em sua língua natal. Declarava sentir-se imobilizado diante da dificuldade de se comunicar, pois se demorava muito na tentativa de traduzir o que sentia e pensava.

Pareceu-me significativo que esta questão ressurgisse neste momento de sua análise, exatamente quando tantas coisas interessantes aconteceram em sua vida. Parecia querer fazer-me crer que sua análise estivesse imobilizada, coisa com a qual eu não poderia concordar. Jacques dava claros sinais de estar regredido e de procurar, a todo custo, eximir-se da responsabilidade que tinha de assumir seu próprio destino usando, para tanto, o recurso de apontar para a falha do outro como justificativa de tudo. Culpava seu pai e sua mãe pela criação que teve e a mim, por não falar sua língua materna.

Este momento levou-me a refletir, pois se insinuava como um momento muito rico e crucial dentro do processo terapêutico de Jacques. Por um lado, obrigava-me a pensar a questão dos limites do analista diante do paciente, especialmente numa análise com estas características, mas, ao mesmo tempo, parecia esbarrar na dificuldade do paciente de experimentar limites, quanto à fusionalidade com a mãe pela intervenção do pai.

Interpretei, para Jacques, que sua queixa sobre não poder falar a língua materna, para mim representava toda a dificuldade que ele sentia em abandonar sua linguagem idílica, fusional e, ao mesmo tempo, restritiva com sua mãe. Queixava-se nostálgico diante da língua estrangeira e invasora do pai.

Jacques permaneceu calado durante algum tempo; depois disse ter se lembrado da sessão anterior, e perguntou se eu estava querendo chamar sua atenção para a homossexualidade.

No final da sessão a que ele se referiu, eu havia feito um alinhamento de algumas associações feitas por ele: um sonho onde apareciam vários homens, seu medo de que coisas pontudas pudessem atingir seus olhos e um fato narrado por ele, de que na noite anterior, entrara num site na internet, onde assistira relacionamentos sexuais em grupo.

O sonho lembrado com dificuldade era mais ou menos o seguinte: "Estava jogando tênis numa cama de hotel com Alberto[4]; no sonho a cama era uma quadra, Jaques ficava nos pés e Alberto na cabeceira. De repente, a janela se abriu e ele avistou a praia, onde reconhece um amigo que não via há dez anos. Este amigo é uma pessoa bem sucedida nos relacionamentos sociais e nos investimentos profissionais. Já em outra cena do sonho, vê dois homens, também bem sucedidos, conversando de forma descontraída".

---

[4] Alberto, segundo Jaques, era um cineasta que o convidara para fazer a produção de filme que ele ia dirigir, mas Jacques não sabia se aceitava ou não por causa de seu medo de gaguejar, já que precisaria fazer muitos contatos comerciais. Alberto era uma pessoa "muito legal", segundo Jacques.

Jacques disse ter tentado entender a questão da homossexualidade; afirmou ter pensado muito a respeito, mas acreditava que não conseguiria chegar a uma posição clara sobre o assunto. Dizia não ter preconceito sobre o tema da homossexualidade, mas que, de fato, não se percebia atraído por homens.

Deixei-o em silêncio por um bom tempo. Ele me parecia muito incomodado, até que, finalmente, revelou que estava se lembrando do momento em que esse assunto começou a aparecer na análise, cerca de um ano e meio atrás. Naquele momento, sentia-se muito confuso, experimentando, às vezes, sensações de excitação diante de alguns homens, o que fazia com que ele ficasse em pânico.

Disse-lhe que me parecia ser esta uma questão sobre a qual ele não poderia, simplesmente, raciocinar. Eu percebia que havia uma experiência emocional se construindo dentro dele, mesmo que ele ficasse muito assustado com isso.

Sua resposta imediata foi me contar que, quando regressou ao Brasil e reencontrou os amigos, ficou muito feliz por abraçá-los, coisa que nunca fizera antes. Logo em seguida, recordou-se de um episódio, já relatado por mim, ocorrido aos quinze anos entre ele e um amigo, durante uma viagem de final de curso. Esse amigo era uma pessoa muito divertida, de quem gostava muito e com quem fazia várias brincadeiras, inclusive de lutas corporais. Desta vez, no entanto, a evocação desta lembrança trouxe um novo elemento esclarecedor. Jacques contou que, depois de descobrir que o amigo era homossexual, afastou-o com violência; passou a impedir seus toques e criou uma estereotipia fóbica de não tocar mais nos homens de forma amistosa. Tocava apenas nas mulheres, mas de forma completamente esvaziada de carinho e ternura. Havia tido apenas experiências marcadas, exclusivamente, por um apelo de ordem sexual.

Comentei com Jacques, que me parecia que, poder voltar a encontrar os homens como acessíveis ao toque e à camaradagem poderia ser uma forma de buscar, através deles, uma referência para ser bem sucedido como homem que trabalha e pode, inclusive, ter acesso às mulheres.

Na sessão seguinte, reencontro Jacques particularmente rígido e reiterativo nas eternas queixas que fazia. Essencialmente, ocupou quase toda sessão com seu medo de gaguejar. Num dado momento, mais para o final da sessão, repetiu ter muito medo do que aconteceria se descobrissem que ele era gago. Isto me levava, insistentemente, a outra questão presente em sua análise, qual seja a da plena assunção de sua identidade sexual. Resolvi, então, fazer uma coisa para mim inesperada. Disse-lhe: "talvez você tenha medo de que as pessoas descubram que você é *ga... ga...ga... gay!*"

Ele ficou bastante perturbado e não disse mais nada. Na sessão seguinte, chegou dizendo que estava muito deprimido, pois havia pensado muito sobre o que tínhamos conversado na sessão anterior e achava que se, de fato, fosse gay, talvez nada mais valesse a pena.

Confessou, então, que o único aspecto positivo percebido por ele nesta situação era o fato de que, se fosse gay, poderia pelo

DESAFIOS PARA A TÉCNICA PSICANALÍTICA   119

menos ter o prazer de magoar profundamente sua mãe, pois ela ficaria arrasada por saber que fez isso com o filho. Entramos, na sequência, por um caminho associativo bem interessante que, embora tivéssemos percorrido em ocasiões anteriores, agora parecia emocionalmente mais acessível a Jacques.

Disse-lhe que, talvez, a questão da homossexualidade também estivesse ofuscando outra, que era o fato dele não conseguir se assumir e se impor aos outros, como uma pessoa real. Retomei aqui algumas falas dele, presentes principalmente no início da análise, quando me dizia que, às vezes, se sentia como uma pessoa irreal, vivendo numa espécie de jogo sem sentido. Jacques teve uma reação um tanto surpreendente pela intensidade. Disse-me que, na verdade, com seus amigos conseguia ficar tranquilo. Resolvi aproveitar a deixa e voltar à carga, pois me parecia importante o abandono da posição passiva que o paciente parecia começar a esboçar. Afirmei a ele que, com os amigos, ele sentia que não precisava provar nada: sentia-se protegido. Com pessoas que ele considerava inferior podia agir com desprezo, mas com pessoas a quem ele atribuía importância especial sentia-se como uma criança assustada, cujo disfarce adulto poderia ser descoberto a qualquer momento.

Tinha comigo mesmo uma impressão bastante clara sobre estar radicalizando minha interpretação, pois eu entendia que Jacques tinha, de fato, feito um progresso razoável durante seu tempo de análise. Todavia, minha intenção era tocá-lo em seu direito de reivindicar um espaço para expressar-se livremente ali, comigo; lançar mão, afinal, de sua agressividade de forma aberta. O objetivo foi alcançado! Jacques listou, com vigor surpreendente, alguns exemplos de situações que o libertavam da estreiteza de minha interpretação. Em seguida, ficou algum tempo em silêncio para depois começar a falar, calmamente, sobre um sonho que tivera na noite anterior. "Ele era um leão ou um homem colossal, numa postura imponente, forte. Lembrava-se de que tinha apenas três pés e quando olhou para o pé de trás, percebeu uma ferida, algo que mostrava que, por dentro, ele estava todo corroído".

Seu único comentário sobre o sonho foi o de que, embora ele não soubesse dizer a razão, tinha uma sensação muito forte de que o sonho tinha muito a ver com o que eu acabara de lhe dizer. Para mim, o sonho parecia trazer seu medo de que sua agressividade se voltasse contra ele e corroesse sua relação com a vida, ao ponto de expô-lo a uma tentativa de suicídio, como ocorrera com seu amigo.

Última fase do tratamento

Jacques sempre teve uma fantasia de que um dia poderia desenvolver um trabalho ligado ao cinema, sua grande paixão. Finalmente, a oportunidade chegou. Jacques precisou viajar para seu país mais uma vez por conta de questões burocráticas e, enquanto esteve lá, inscreveu-se num curso de muito prestígio para produtores cinematográficos. A concorrência para o curso era bastante grande e o número de vagas bem reduzido, mas Jacques foi aprovado e teve que voltar ao Brasil para providenciar seu retorno definitivo ao país natal.

Sua última sessão foi bastante interessante e dramática, pois ele estava muito assustado com o que viria pela frente. Sentia-se pressionado e ameaçado pelas exigências em todos os campos de sua vida. Precisava desfazer-se rapidamente de seu apartamento, enviar sua mudança para seu país e providenciar uma série de pequenos detalhes, antes de sua viagem de volta. Temia que, em sua terra, as exigências pudessem ser muito maiores, inclusive com relação à gagueira, pois, vivendo aqui no Brasil, sentia-se protegido pelo fato de estar falando uma língua estrangeira o que, de certa forma, poderia justificar determinados titubeios de sua fala.

Houve um momento particularmente importante nesta sessão, quando me disse que se sentia muito envergonhado, pois percebia que eu era a pessoa mais próxima que ele tinha. Disse-me que não conseguia conversar de uma maneira tão íntima com mais ninguém, nem com seus pais, nem com sua namorada e nem com seus amigos.

Disse-lhe que entendia o que ele estava dizendo, todavia, achava muito importante que ele pudesse perceber o valor de sua participação na construção desse relacionamento. E esta, sem dúvida, era uma experiência que ficaria para sempre guardada dentro dele, algo que ele poderia usar no futuro.

Jacques ficou um tempo longo em silêncio, e depois disse que achava que ainda não tinha avançado o suficiente, que se sentia muito limitado. De repente, disse-me que se lembrara de ter lido que Lacan ficara em análise durante sete anos, o que lhe dava ainda algum tempo a mais para atingir este ponto. Perguntei-lhe se estava pensando em se tornar analista. Jacques riu muito e depois me contou que sempre gostara de psicologia e, finalmente, perguntou-me: "Mas eu não poderia ser analista, poderia?"

Durante suas últimas sessões, discutimos muito sobre o futuro de sua análise. Falamos bastante sobre a possibilidade de continuá-la com um analista em seu país e cheguei a dar-lhe um nome. Surpreendentemente, ou não, ele não quis procurar outro analista e definimos que continuaríamos a análise pelo telefone, durante algum tempo. Era óbvio para mim que ele estava muito assustado com a possibilidade de ver-se sozinho diante de um momento tão carregado de mudanças. Combinamos, então, que ele me ligaria duas vezes por semana.

Jacques resolveu que ficaria morando, pelo menos por um tempo, com seu amigo, o diretor de teatro. Começou o curso de produção cinematográfica e, rapidamente, conseguiu um estágio oferecido aos alunos do curso. Gostava do que estava fazendo e sentia-se satisfeito por ter mudado sua vida, mas suas queixas sobre seus temores frente às pessoas continuaram.

Com o passar do tempo foi ficando claro para ele que seu relacionamento com seu amigo já tinha invadido a seara da homossexualidade. Começaram, então, a explorar uma convivência efetiva de casal. Tiveram inúmeras brigas, discutiam por vários motivos, mas um dos principais era gerado pela acusação de egoísmo feita a Jacques.

Os motivos das brigas passaram a ocupar um papel central nas sessões. Frequentemente ameaçavam se separar, mas Jacques, na verdade, tinha muito medo de sair dali e, como ele dizia: "entrar no mundo homossexual", o qual ele acreditava ser extremamente promíscuo.

Jacques atribuía ao companheiro uma sensibilidade que eu chamaria *mediúnica* e, embora tivéssemos tratado várias vezes deste assunto, para ele, isto não era passível de questionamento. Oferecia exemplos de situações, nas quais o amigo fora capaz de adivinhar, com precisão, fatos ocorridos consigo, sem que nada lhe houvesse dito.

Ligado a isto, havia o fato de que o amigo lhe dizia que precisariam ficar juntos por um tempo maior, para que Jacques pudesse encontrar seu novo caminho de forma mais protegida, depois de vivenciarem algumas experiências juntos.

Inegavelmente, independente da "tal questão mediúnica", o amigo de Jacques é uma pessoa de grande sensibilidade para perscrutar-lhe a vida mental. Em muitas ocasiões, tratamos dos aspectos sadomasoquistas da relação de ambos, especialmente do que me parecia uma forma de aprisionamento emocional sofrido por ele, em nome de uma pseudossegurança.

Digo "segurança", pois ele acreditava que, se saísse de perto de seu amigo e fosse viver sua vida de outra forma, poderia se tornar sexualmente promíscuo, provavelmente como havia sido com as mulheres.

Com relação à vida profissional, Jacques concluiu seu curso de produção cinematográfica e começou a trabalhar numa produtora importante. Sentia-se mais feliz pelo trabalho que estava fazendo, mas continuava tendo dificuldades no trato com as pessoas. A impressão que eu tinha era a de que a realização deste tão acalentado projeto não estava sendo vivida com a satisfação esperada. A possibilidade de experimentar prazer ainda não lhe era disponível.

Numa dessas sessões, aconteceu uma coisa muito interessante: Jacques me ligou de um lugar diferente do habitual, para dizer que não poderia fazer a sessão. Quando eu perguntei por que não, ele me disse que era porque ali não tinha onde ele pudesse se deitar. Descobri, desta forma, que todas as vezes que ele falava comigo ao telefone ele estava deitado, como estivera durante os anos de análise no meu consultório.

Fiquei bastante surpreso com a descoberta; ela me deixou oscilando entre considerá-la como um aspecto curiosamente divertido ou reconhecer uma sensação incômoda de rigidez envolvida na situação. Acabei optando pela última. De qualquer forma, disse-lhe que talvez um dos aspectos importantes envolvidos nesta atitude dele fosse a tentativa de fazer-me presente, corporificar-me como quando estávamos juntos no consultório.

Quando iniciamos, efetivamente, esse período da análise pelo telefone, algumas questões muito interessantes quanto aos aspectos técnicos foram sendo percebidas por mim. A primeira situação que se apresentou como evidente foi o efeito produzido em nossa conversa pela ausência física; ficar em silêncio junto de alguém no consultório é muito diferente de ficar em silêncio no telefone.

Era evidente que, tanto ele quanto eu, angustiávamo-nos por não sabermos se o outro continuava ouvindo. Numa de nossas primeiras sessões ao telefone, efetivamente, enquanto ele falava, a ligação internacional caiu e, embora eu tivesse me dado conta da interrupção, ele continuou a falar por um bom tempo, até perceber o ocorrido. Ligou-me novamente muito angustiado, sem saber até que ponto eu o tinha ouvido.

Este episódio tornou aguda a problemática da ausência física e criou um comportamento novo entre nós: nenhum dos dois deixava de sinalizar com alguma forma de vocalização que estava presente. Nossas vozes assumiram a força de nossa corporeidade presente nas sessões.

Aumentaram, também, as descrições das sensações corporais e posturais de Jacques durante as sessões. Ele sentia necessidade de me contar que estava tremendo, agitado, suando ou qualquer outra manifestação física, da qual ele queria que eu tomasse conhecimento.

Penso que esta experiência de fazer um atendimento psicanalítico pelo telefone só foi possível, porque tínhamos já uma longa experiência de presença na análise. Quando Jacques falava alguma coisa, eu podia reconhecer-lhe corporalmente na sua forma de conversar. E ele, sem dúvida, sentia o mesmo com relação a mim.

Sua análise continuou por mais algum tempo, até que as circunstâncias, inclusive a financeira, começaram a demarcar o fim de nosso trabalho analítico. No momento em que interrompeu a análise, Jacques vivia certo equilíbrio e tinha uma definição mais clara quanto a ir morar sozinho. A maior pressão que vivia estava ligada ao trabalho e ao estresse que sentia quando precisava frequentar reuniões.

Jacques tinha claro que sua análise precisaria continuar, e eu já lhe tinha dado o nome de um analista que poderia procurar para ajudá-lo. Não tive mais notícias dele.

Considerações finais

A escrita deste texto foi um interessante exercício que me permitiu importantes reflexões. Tive a clara intenção de que sua realização tivesse um caráter mais próximo de um ensaio, isto é, menos referenciado ao contexto bibliográfico das produções clássicas e das obrigações acadêmicas formais. Claro está, todavia, que não tenho nenhuma dificuldade de reconhecer de quais correntes de pensamento o meu é tributário.

Procurei historiar sobre o caso clínico, de forma a permitir ao leitor acompanhar alguns dos aspectos que acreditei serem capazes de referir os elementos diferenciais do mesmo, quando comparado a outros exemplos de nossa casuística.

Destaquei, em especial, o fato da análise não ter ocorrido na língua materna do paciente. Penso que este foi um elemento importante durante a análise, mas, curiosamente, não acredito que isto tenha se constituído como um obstáculo. Aliás, diria mesmo que foi propiciador de muito material significativo para a análise.

Talvez, como eu, o leitor tenha tido, no percurso destas páginas, uma sensação que em nada nos distancia de qualquer outro relato clínico, no que diz respeito aos movimentos transferenciais. Na verdade, acredito que em todos os tratamentos que realizamos, sejam com crianças, adolescentes ou adultos, precisamos aprender uma língua própria a cada vínculo construído. Mas, afinal, o analista não estaria sempre em terra estrangeira?

Esta questão fica mais evidenciada, quando atendemos crianças e adolescentes. É notável a forma como buscamos nos adaptar e negociar um código que permita que nos aproximemos sem, com isso, deixar de reconhecer o código geral que nos acolhe.

Como frisei no início do texto, nunca senti que o trabalho com Jacques tenha ficado paralisado por esta situação específica. Quando isso ocorreu, foi por motivos absolutamente compreensíveis à luz das resistências operantes no momento e tornou-se uma fonte de recursos para o trabalho analítico.

Costumo descrever esta tarefa de aproximação entre analista e paciente, como a construção do *encontro analítico*. Falo de um período, de duração extremamente variável, durante o qual buscamos facilitar o despertar da necessidade do paciente interrogar-se sobre seus enigmas e de abrir-se para uma fala endereçada a um outro, numa outorga de confiança que sela o vínculo analítico.

Acredito ter conseguido evidenciar que não era pequeno o sofrimento de Jacques. Debatia-se pela vida afora num papel que, em muitas ocasiões, fazia-me pensar num morto-vivo. Alguém escondido atrás de um anteparo de adaptação social precário, mas, ao mesmo tempo, de algum sucesso. Sua identidade problemática revelava drasticamente esta fragilidade.

Lancei algumas ideias sobre a dinâmica mental de meu paciente, embora, é importante frisar, não tenha tido a intenção de aprofundá-las além do exposto. Caberia, talvez, lembrar alguns desses elementos, como a intensa adesividade da relação de Jacques com sua mãe, capturando-o de forma ao mesmo tempo fascinante e claustrofóbica. Aliado a isto, temos uma figura paterna usurpada por ser pouco potente do ponto de vista de sua capacidade de regulação deste vínculo marcadamente incestuoso. A consequência disto, para Jacques, foi sentida como uma espoliação da condição identificatória com a posição masculina de potência, que lhe permitiria a transformação e a assunção de seu destino como homem castrado e, por isso mesmo, com acesso ao prazer.

Assinalei, também, que considerava este conflito articulado ao sintoma da gagueira. De alguma maneira, ao gaguejar, Jacques afastava-se e, ao mesmo tempo, revelava-se fascinado pela relação incestuosa com a mãe. Em certa medida, a gagueira era responsável por seu afastamento dos adultos sentidos como superiores, talvez por serem capazes de denunciar sua posição de fragilidade como sujeito. As mulheres eram usadas como objetos descartáveis ou, simplesmente, sentidas como inalcançáveis por sua extrema idealização. Mesmo em sua pretensa relação homossexual, não havia grande alteração do quadro, já que lhe faltava a capacidade de entrega e cuidado para com o outro.

Embora sejam inegáveis os progressos de Jacques durante sua análise, concordo com ele (quando citou Lacan) sobre o fato de que sua análise precisava continuar, ainda que não fosse para tornar-se analista, mas para que conseguisse ter acesso a um posicionamento de sujeito que o libertasse do limbo onde se perpetua, para ele, o vazio e o faz-de-conta. E para que consiga romper o isolamento afetivo que instala nele a sensação de promiscuidade, seja na relação com as mulheres, seja com os homens.

Outro aspecto importante destacado neste trabalho foi a experiência de dar sequência ao processo de análise pelo telefone. Como procurei enfatizar, foi preciso descobrir uma forma que tornasse presente nossa corporeidade, pois o silêncio ao telefone tem um efeito mais drástico e persecutório do que o que acontece no consultório e precisa ser mitigado, para que a análise possa prosseguir.

Com o passar do tempo, Jacques descobriu que sua corporeidade ficava garantida, primeiro pelos reasseguramentos de minha memória e, segundo, pela experiência de usar recursos que lhe permitissem figurar seu corpo como presença, através do uso abundante de detalhes nas descrições que fazia de suas sensações físicas.

Quanto a mim, percebi logo que não poderia simplesmente ficar ouvindo em silêncio por um longo tempo, como às vezes acontece no consultório; tinha que me fazer presente, através de vocalizações constantes, por mais simples que fossem.

Em minha opinião, este tipo de experiência só foi possível, porque já havíamos estabelecido um extenso repertório durante nossa convivência no consultório. Era notável como eu conseguia recuperar gestos de Jacques, sua maneira de manifestar aflição, sua impaciência diante de algumas falas e seu gesto exaustivamente repetido de passar a mão pelos cabelos. Tínhamos, de fato, construído um *encontro analítico,* apesar do suposto entrave oferecido pela língua, que persistia mesmo depois de nosso afastamento físico.

Como expressei no decorrer do texto, sempre tive presente o fato de que realizávamos uma análise fora da língua materna e, em alguns momentos, provavelmente compactuei com a resistência de Jacques, quando se queixava de que não podia se comunicar com tanta facilidade quanto o faria na sua língua de origem. Neste momento de reflexão sobre o caso, arrisco-me a afirmar que este fator pôde, na verdade, ter funcionado a favor da análise e não contra ela. A língua estrangeira do analista parece ter tido um alcance simbólico de interdição na comunicação incestuosa contida na língua materna.

A última fase do tratamento, realizada pelo telefone, teve um objetivo bastante pontual, que consistiu em dar suporte à Jacques no retorno a seu país de origem, com todos os fantasmas que antevia o aguardariam lá. Ele acreditava e eu concordava que, naquele momento específico, seria muito penoso recomeçar sua análise com outra pessoa, que nada sabia dele. Acredito que tenhamos alcançado este objetivo.

Chegando a este ponto do caminho percorrido, o que dizer da cura? Preocupei-me, no início deste trabalho, com a necessidade de fazer um pequeno destaque para esclarecer o que penso sobre a questão da cura em psicanálise. Penso que o momento presente, talvez, nos permita acrescentar alguns elementos para ilustrar o que foi dito.

Depois de tudo o que foi exposto sobre o sofrimento que atormentava Jacques, não é difícil perceber que, embora ele tenha feito conquistas pessoais importantes, não há nada parecido no destino desta análise com eliminação mágica de seus tormentos.

Dei destaque, também, à opinião de que a análise de Jacques precisaria continuar, pois alguns elementos importantes de sua vida mental padeciam, ainda, de uma condição muito limitada, no sentido de permitir-lhe ampliar seus relacionamentos afetivos.

Há, porém, um acontecimento que me tocou, de forma muito especial, nas fases finais deste tratamento. Em algumas ocasiões, que, de forma alguma, apresentavam um padrão repetitivo ou estereotipado, Jacques me disse o seguinte: "Você é uma boa pessoa, sinto que se importa comigo".

A primeira vez que ele me disse isso, foi de forma tão inesperada — pois rompia o fluxo das associações que ele estava seguindo —, que me vi tomado por uma sensação muito forte. Imediatamente, comecei a pensar que se tratava de uma forma de sedução e que eu precisava vigiar minha necessidade narcísica de reconhecimento. Felizmente, consegui conter meu rompante reativo e defensivo e fiquei quieto. Pouco a pouco, menos assustado, fui compreendendo que, naquele momento, Jacques produzira algo extremamente novo numa relação com outra pessoa e que o objeto daquela fala não era eu, diretamente, mas nosso encontro realizado pela transferência.

Foi através de momentos como este que pude perceber, de forma inequívoca, o valor do trabalho que realizamos; eu já não estava mais diante de uma pessoa que se descrevia como um morto-vivo, num jogo de faz-de-conta qualquer.

Cada vez mais acredito que nunca somos adultos ou independentes o bastante, para que não precisemos da ajuda de alguém. Teoricamente, costumamos dizer que o analista precisa ser abandonado no final da análise como rebotalho, mas nem sempre é assim que acontece, talvez porque eu não consiga ser tão eficiente assim.

5.

Experiência Analítica com Pré-adolescentes: Método Dinâmico Interativo

Trata-se de um instrumento que venho utilizando em minha clínica com crianças entre dez e quatorze anos. Comecei a empregá-lo durante o tratamento de um desses pacientes, pois percebia que seus jogos acabavam propiciando muito pouco material e caindo numa espécie de rotina, a serviço da resistência.

Essas situações clínicas levaram-me a pensar muito em Winnicott e Ferenczi. O primeiro, quando afirmava que a resistência decorria, no mais das vezes, dos limites do próprio analista e de seu instrumental disponível, aí se incluindo, é claro, as concepções teóricas sobre a vida mental que guiam o analista em seu trabalho. Acho oportuno, neste momento, lembrar as discussões contidas nos dois primeiros capítulos do livro, pois permitirão ao leitor compreender o tipo de argumentação teórica que sustentou a proposição deste método de trabalho.

Com relação a Ferenczi, veio-me à lembrança o conjunto de seus esforços para tornar a técnica analítica algo mais ativo, menos dependente de uma atitude de pseudoneutralidade que, às vezes, nada mais é do que passividade defensiva da parte do analista.

Mobilizado por esses pensamentos, comecei a desenvolver um método de facilitação de contato com esse tipo específico de pacientes, que poderíamos chamar de pré-adolescentes.

Tenho observado que, em linhas gerais, esses pacientes tendem a ser mais superficiais no contato com seus afetos. São pacientes que fazem desse recurso um modo de se manterem estáveis com suas defesas. Acho importante destacar, todavia, que não considero esta característica como sendo sempre uma resultante de patologia, mas, sim, como um modo de organização comum deste momento da evolução.

Esta faixa etária apresenta características muito peculiares, pois são crianças ainda e estão se avizinhando da adolescência, quando verão eclodir, com a força propulsora dos hormônios, toda a intensidade de sua sexualidade e da ampliação do jogo social que, a partir daí, se desenvolverá.

Minha intenção neste trabalho não é partir para um aprofundamento da dinâmica desse estágio da vida dos sujeitos numa explanação teórica, mas apresentar o instrumento que desenvolvi para ampliar meus recursos clínicos com esses pacientes.

Exposição do método

Esquematicamente, o método é composto por três partes que se integram. Num primeiro momento, peço ao paciente que escolha um tema que será representado por uma palavra. Esta palavra deve traduzir uma ideia ou mesmo um sentimento que, no momento, pareça significativo para ele.

Feita a escolha, anotamos a palavra no alto de uma folha. Tenho utilizado, em todos os momentos em que apliquei o método, apenas uma folha para dar conta da tarefa a ser proposta, pois considero interessante observar como o paciente se organiza neste espaço limitado.

Comunico, então, ao paciente que escreveremos dez frases sobre o tema escolhido. Peço-lhe que comece e, em seguida, eu escrevo a próxima frase. O sentido desta proposta é aprofundar e desenvolver alguns temas que, de outra forma, correriam o risco de não serem tocados com tanta facilidade. Depois que o paciente escreve sua frase, eu procuro escrever uma outra que interaja com a dele de forma direta e, às vezes, provocativamente.

Claro que, quando escolho a palavra "provocativamente", estou sustentando que, neste momento, já existe uma ação de inconsciente para inconsciente e que, sem dúvida, estas frases trazem um forte potencial interpretativo.

Vou exemplificar esse momento, descrevendo a primeira utilização do método, com o paciente que citei acima. Ele escolheu como tema a palavra *amizade* e algumas das frases que trabalhamos, foram as seguintes:

Paciente – A amizade é uma grande conquista.

Analista – A amizade nos faz melhores.

Paciente – A distância pode separar dois olhares, mas não dois corações.

Analista – Ser amigo é partilhar nossas incertezas.

Como disse, esta foi a primeira vez que utilizei o método, por isso fiquei bastante surpreso com a mudança de patamar de nossa conversa, embora eu ainda estivesse bastante inseguro, quanto ao destino da proposta que eu havia feito ao paciente.

Depois de termos escrito as dez sentenças, pedi a ele que lesse todas as frases. A seguir, disse-lhe que teríamos que pensar em uma palavra que pudesse representar cada uma de nossas frases. Eu pensaria numa palavra para as frases dele, e ele pensaria numa palavra para as minhas. Isto me parecia garantir um incremento de nossa interação, já que eu interferiria diretamente nas frases dele e vice-versa.

Exemplificarei a passagem para o segundo momento do método, valendo-me do material obtido na segunda vez que utilizei o procedimento com este paciente, pois algumas ideias já haviam atingido um grau de maior reflexão e domínio.

Desta vez, o paciente escolheu a palavra "solidão" e algumas das frases que cunhamos, foram as seguintes:

Paciente – A solidão é entediante.

Analista – A solidão nos permite pensar.

Paciente – A solidão é uma tristeza.

Analista – A solidão pode ser criativa.

As palavras que escolhemos, para cada frase, foram as seguintes:

Analista – Abandono.

Paciente – Pensamentos.

Analista – Lamento.

Paciente – Imaginação.

Finalmente, na terceira parte do método, eu peço ao paciente que crie uma imagem que dê conta de cada uma das palavras escolhidas por nós. Neste momento, o paciente fica incumbido de todos os desenhos; o que faço é ajudá-lo, em algumas ocasiões, na definição de suas ideias, principalmente quando percebo que vai ficando mais angustiado com a tarefa.

Insisto sempre com os pacientes que a qualidade artística do desenho não tem a menor importância, e que o importante é produzir uma imagem que seja bem significativa para eles; algo que lhes faça sentido.

Seguindo o exemplo, passo a descrever as imagens que o paciente escolheu para cada uma das palavras por nós produzidas:

Abandono – O paciente desenhou um bebê chorando, abandonado em uma calçada na rua, com os transeuntes a passar, indiferentes.

Pensamentos – Ele fez uma cabeça da qual saia um balão contendo a seguinte pergunta: onde está minha mãe?

Lamento – Desenhou um rapaz de cabeça baixa e disse que não tinha seu sonho realizado por não conhecer o pai.

Imaginação – Desenhou um menino de mãos dadas com o padrasto.

Alguns comentários

Gostaria de ampliar alguns aspectos do que expus até aqui. Como deixei assinalado no texto, estes exemplos pertencem a um único paciente, e o que demonstrei fez parte das duas primeiras aplicações do método. Desde então, tenho utilizado o mesmo com outros pacientes e, com isso, tenho incrementado as possibilidades de exploração dos recursos que o método propicia.

O paciente do exemplo é adotivo, mas nos sete meses anteriores de tratamento, jamais havia problematizado a questão. Em algumas ocasiões, durante nossas conversas e jogos, tentei explorar o tema, mas não obtive qualquer abertura da parte dele. Nos momentos em que falamos diretamente da adoção, meu paciente tinha uma postura de grande indiferença para com ela. Curiosamente, já na segunda vez que utilizei o procedimento, o tema da adoção surgiu com intensidade flagrante e pudemos conversar sobre diversas questões.

Para mim, o aspecto mais importante do método é que ele permite que, em cada uma das fases, sejam geradas várias oportunidades de conversas importantes com os pacientes. Tenho sido mais insistente para com eles, no sentido de que tentem dar expressão a frases, palavras e desenhos que lhes pareçam realmente significativos, evitando, com isso, cair numa espécie de figuras-clichê sem, contudo, chegar a proibi-las.

A forma como conduzo meu trabalho está balizada na compreensão psicanalítica do funcionamento do psiquismo. Ao

Desafios para a Técnica Psicanalítica 139

solicitar que o paciente faça a escolha do tema, estou buscando que algum apelo atual (ideia ou sentimento) possa emergir nas vestes que a situação oferece. Em todas as oportunidades em que já tive ocasião de utilizar o método, tenho observado que o material que emerge na sessão está diretamente ligado a acontecimentos significativos da vida dos pacientes.

Peço, também, que o paciente procure escrever sobre o que primeiro lhe surgir na mente, sem ficar preocupado demais com a frase. Ao mesmo tempo, eu também respondo às frases do paciente da forma mais espontânea possível, deixando que minha inspiração inconsciente se revele. Note-se que procuro manter as coordenadas básicas do encontro analítico, tal qual foi construído por Freud: sustentando a proposição da associação livre por parte do paciente e a atenção livremente flutuante por parte do analista.

Cabe, aqui, um esclarecimento que considero importante: nunca utilizo este procedimento nas fases iniciais do tratamento. Neste paciente do exemplo, como citei anteriormente, tínhamos já sete meses de convivência e conhecimento recíproco, quando comecei a aplicar o método.

Acho importante que, na fase inicial do tratamento, possamos ter com o paciente um contato mais continente que interpretativo, até que a confiança se estabeleça de forma clara entre paciente e analista, o que, por outro lado, permite-nos aumentar o repertório de informações sobre o paciente: sua linguagem, seus trejeitos, seus estados de ânimo etc. Esta é a condição essencial para que o analista possa intervir de forma mais efetiva, no sentido de que sua ação, seja qual for, tenha efeito de um ato analítico com todo seu potencial de simbolização.

Durante todo o procedimento deve haver uma prontidão analítica, no sentido de explorar os temas que vão surgindo muito além dos limites que o próprio método encerra. Por exemplo, na palavra *abandono*, que tinha uma evidente importância para a vida mental do paciente e que resultou no desenho da criança abandonada na rua, busquei ampliar, ao máximo, as fantasias do paciente a respeito de tal situação. Aos poucos, foi surgindo uma razão para o abandono, ou seja, a mãe não tinha dinheiro para cuidar do filho, por isso o abandonou. Sugiro a ele, na sequência, a palavra pensamento, e seu próximo desenho expressa um pensamento sobre onde estará sua mãe.

Embora toda uma trama mais rica e criativa vá se tecendo durante nosso trabalho, é importante assinalar que, para o paciente, ainda é importante manter certa distância dos sentimentos emergentes, deixando-os numa posição projetiva tranquilizadora. Eu procuro respeitar essa necessidade do paciente, de ter seu tempo de elaboração possível; para mim, isto faz parte do movimento terapêutico e não, de pura resistência. De qualquer forma, disse a ele que me parecia muito importante que o menino já pudesse pensar sobre esta questão, por mais que ela fosse dolorida; assim, ela doeria menos no futuro.

Quanto à frequência de utilização do método, aprendi com um de meus pacientes que ele deve seguir um ritmo próprio para cada análise. Este paciente de onze anos, depois de ter feito o procedimento pela primeira vez, voltou na sessão seguinte e disse-me a seguinte frase: "Sabe aquela dinâmica que nós fizemos? Eu gostaria de te fazer uma proposta: um dia a gente faz, porque podemos nos conhecer melhor e no outro, a gente brinca um pouco". Em homenagem a ele, resolvi colocar o termo "dinâmica", no título deste trabalho.

REFERÊNCIAS BIBLIOGRÁFICAS

CASSIRER, E. *Ensaio sobre o homem: introdução a uma filosofia da cultura humana.* São Paulo: Martins Fontes, 1994.

FERENCZI, S. (1920) Prolongamentos da 'técnica ativa' em psicanálise. In: *Escritos psicanalíticos.* Rio de Janeiro: Tauros, 1988.

_____. (1928) *Elasticidade da técnica psicanalítica. Op. cit.*

_____. *Diário clínico.* São Paulo: Martins Fontes, 1990.

FREUD, S. (1893) Projeto para uma psicologia científica. *Edição Standard Brasileira das Obras Psicológicas Completas.* Rio de Janeiro: Imago, 1980, v. 1.

_____. (1893) *Estudos sobre a histeria. Op. cit.*, v. 2.

_____. (1900) *A interpretação de sonhos. Op. cit.*, v. 5.

_____. (1905) *Três ensaios sobre a teoria da sexualidade. Op. cit.*, v. 7.

_____. (1912) *Sobre a tendência universal à depreciação na esfera do amor. Contribuições à psicologia do amor II. Op. cit.*, v. 11.

_____. (1915) *Os instintos e suas vicissitudes. Op. cit.*, v. 14.

_____. (1918) *História de uma neurose infantil. Op. cit.*, v. 17.

_____. (1920) *Além do princípio do prazer. Op. cit.*, v. 18.

_____. (1937) *Análise terminável e interminável. Op. cit.*, v. 23.

GARCIA, J. C. *O ato analítico e seu potencial de simbolização*. Dissertação de Mestrado. Instituto de Psicologia da Universidade de São Paulo, 1998.

GARCIA-ROZA, L. A. Pulsão de morte e pulsão sexual. In: *Acaso e repetição em psicanálise: uma introdução à teoria das pulsões*. Rio de Janeiro: Jorge Zahar, 1987.

LAPLANCHE, J. & PONTALIS J.-B. *Vocabulário da psicanálise*. São Paulo: Martins Fontes, 1986.

LORENZER, A. *Crítica del concepto psicoanalítico de símbolo*. Buenos Aires: Amorrortu, 1976.

SEGAL, H. Notas sobre a formação dos símbolos. In: *A obra de Hanna Segal*. Rio de Janeiro: Imago, 1982.

WINNICOTT, D. W. (1962) Os objetivos do tratamento psicanalítico. In: *O ambiente e os processos de maturação: estudo sobre a teoria do desenvolvimento emocional*. Porto Alegre: Artes Médicas, 1990.